MINISTÈRE DES FINANCES

INSTRUCTION

GÉNÉRALE

SUR LES RÉCLAMATIONS

EN MATIÈRE DE

CONTRIBUTIONS DIRECTES

ET DE

TAXES Y ASSIMILÉES

30 Janvier 1892

NANCY & PARIS

IMPRIMERIE ET LIBRAIRIE ADMINISTRATIVES BERGER-LEVRAULT & Cie

MAISON A PARIS, 5, RUE DES BEAUX-ARTS

1894

MINISTÈRE DES FINANCES

INSTRUCTION

GÉNÉRALE

SUR LES RÉCLAMATIONS

EN MATIÈRE DE

CONTRIBUTIONS DIRECTES

ET DE

TAXES Y ASSIMILÉES

30 Janvier 1892

NANCY & PARIS

IMPRIMERIE ET LIBRAIRIE ADMINISTRATIVES BERGER-LEVRAULT & Cⁱᵉ

MAISON A PARIS, 5, RUE DES BEAUX-ARTS

1894

INSTRUCTION GÉNÉRALE
SUR LES RÉCLAMATIONS

EN MATIÈRE DE

CONTRIBUTIONS DIRECTES ET DE TAXES Y ASSIMILÉES

(30 JANVIER 1892)

CHAPITRE Ier

DES DIFFÉRENTES NATURES DE RÉCLAMATIONS

I. — *Décharges, réductions, exemptions temporaires, inscriptions sur les rôles, etc.*

Article 1er. — Tout contribuable qui se croit imposé à tort ou surtaxé a le droit de présenter une demande écrite en décharge ou en réduction. (Loi du 21 avril 1832, art. 28.)

Art. 2. — Il peut également, dans les limites indiquées ci-après (art. 32), faire une déclaration sur un registre spécial tenu à la mairie. (Loi du 21 juillet 1887, art. 2. — Circ. du 19 novembre 1887, n° 704, et du 29 novembre 1888, n° 725.)

Art. 3. — Lorsqu'une propriété a été cotisée à la contribution foncière sous un nom autre que celui du véritable propriétaire, ce dernier ou l'imposé peut réclamer la mutation de cote. (Loi du 2 messidor an VII, art. 5. — Arrêté du 24 floréal an VIII, art. 2.)

Il en est de même pour la contribution des portes et fenêtres et pour les redevances sur les mines. (Loi du 8 juillet 1852, art. 13. — Arr. C. 23 novembre 1888, n° 3587.)

Art. 4. — L'exemption temporaire de tout ou partie de l'impôt foncier peut être réclamée pour semis ou plantation de bois, et pour plantation ou replantation de vignes dans les arrondissements déclarés atteints par le phylloxéra. (Loi du 3 frimaire an VII, art. 116. — Code forestier, art. 226. — Loi du 1er décembre 1887, art. 1er. — Circ. du 3 mai 1888, n° 712.)

Les propriétaires qui dessèchent des marais et ceux qui défrichent ou plantent des terres peuvent, en vue de se garantir contre l'augmentation d'impôt pouvant résulter de la réfection du cadastre, demander le maintien temporaire de l'allivrement assigné à ces propriétés. (Loi du 3 frimaire an VII, art. 111 à 115.)

Art. 5. — La cession d'un établissement dans le cours de l'année autorise le cédant et le cessionnaire à réclamer le transfert de la portion de la patente restant à courir. (Loi du 15 juillet 1880, art. 28.)

Le cédant peut aussi réclamer le transfert partiel de la taxe sur les billards. (Décret du 27 décembre 1871, art. 2.)

Art. 6. — En cas de fermeture d'un établissement par suite de décès, de liquidation judiciaire ou de faillite déclarée, les intéressés peuvent réclamer la décharge de la patente pour les mois restant à courir. (Loi du 15 juillet 1880, art. 28, et du 8 août 1890, art. 30. — Circ. du 31 décembre 1890, n° 770.)

Art. 7. — Les contribuables omis aux rôles des contributions personnelle-mobilière et des portes et fenêtres et de la taxe des prestations sont autorisés à réclamer leur inscription sur ces rôles. (Loi du 21 avril 1832, art. 28. — Arr. C. 4 mai 1877, n° 2975.)

Art. 8. — Ceux qui sont poursuivis pour l'acquit de cotes ouvertes au nom d'autres personnes peuvent réclamer l'annulation des poursuites dirigées contre eux et le remboursement des sommes qu'ils auraient payées en raison de ces poursuites. (Arr. C. 15 juin 1866, n° 1701, et 4 août 1868, n° 2038.)

Art. 9. — Les propriétaires et principaux locataires peuvent réclamer contre la mise à leur charge des impôts personnel-mobilier et des patentes établis au nom de leurs locataires. (Loi du 21 avril 1832, art. 22 et 23. — Loi du 15 juillet 1880, art. 30.)

Art. 10. — Les parties et les experts ou tiers experts peuvent attaquer les arrêtés portant règlement des frais d'expertise et de tierce expertise. (Loi du 22 juillet 1889, art. 23 et 66.)

II. — *Remises et modérations.*

Art. 11. — Dans le cas de perte, totale ou partielle, du revenu des propriétés non bâties, par suite d'événements extraordinaires, tels que grêle, gelée, inondation, incendie, etc., les propriétaires sont recevables à demander la remise ou la modération de leur impôt de l'année. (Loi du 15 septembre 1807, art. 37.)

Ils peuvent exceptionnellement renouveler ces demandes, si l'événement survenu a étendu ses effets à l'année ou aux années suivantes. (Décis. minist. du 7 juin 1880, Bois de la Sologne.)

Art. 12. — Lorsque les pertes mentionnées à l'article précédent ont frappé une partie notable de la commune, la demande peut être présentée par le maire, dans l'intérêt collectif de ses administrés. (Arrêté du 22 floréal an VIII, art. 26.)

Le maire peut aussi réclamer au nom des habitants, s'il s'agit d'un incendie ou de tout autre sinistre ayant atteint un certain nombre de propriétés bâties.

Art. 13. — De leur côté, les contribuables sont admis à se pourvoir individuellement en modération, en cas d'incendie, de démolition ou de destruction de leurs maisons ou usines dans le courant de l'année. (Loi du 15 septembre 1807, art. 38.)

Ils peuvent aussi se pourvoir en remise, lorsqu'ils ont éprouvé une perte de revenu par suite de vacance de maisons ou de chômage d'usines, dans les conditions indiquées ci-après (art. 80).

Enfin, ils peuvent solliciter le dégrèvement, à titre gracieux, de tout ou partie de leur cotisation pour cause de gêne ou d'indigence. (Instr. minist. du 26 prairial an VIII.)

III. — *États des percepteurs.*

Art. 14. — Les percepteurs sont admis à présenter des états de cotes indûment imposées et des états de cotes irrecouvrables. (Instr. Compt. 1859, art. 128 et 129.)

Ils sont autorisés à inscrire sur les premiers de ces états toutes les cotes qui leur paraissent constituer un faux ou double emploi, mais seulement lorsqu'il s'agit de contribuables qui ne pourraient réclamer eux-mêmes. (Loi du 3 juillet 1846, art. 6. — Instr. Compt. 1859, art. 128.)

Quant aux états de cotes irrecouvrables, ils y portent toutes les cotes ou portions de cotes dont le paiement n'a pu être obtenu, ainsi que les frais de poursuites y relatifs qui n'ont pu être recouvrés. Ils n'y comprennent pas toutefois les frais d'instance judiciaire, qui s'imputent sur un crédit spécial. (Instr. Compt. 1859, art. 129. — Règl. Compt. fin. 1866.)

IV. — *États dressés, d'office, par les contrôleurs et les directeurs.*

Art. 15. — En cas de cession d'établissement dans le cours de l'année, le transfert de la patente peut être proposé, d'office, par le contrôleur sur un état spécial. (Loi du 8 août 1890, art. 29. — Circ. 31 déc. 1890.)

Art. 16. — Les cotes ou portions de cotes qui sont reconnues former double emploi, ou avoir été mal établies par suite d'erreurs matérielles d'écritures ou de taxation, peuvent être inscrites, d'office, par le directeur sur des états particuliers de cotes indûment imposées. (Loi du 21 juillet 1887, art. 3. — Décret du 30 décembre 1890, art. 38. — Circ. du 19 novembre 1887, n° 704.)

Des états analogues sont dressés par le directeur pour les cotes de contribution personnelle-mobilière dont le dégrèvement doit être accordé, d'office, aux familles comptant sept enfants mineurs, pour lesquelles cet impôt ne dépasse pas 10 francs en principal. (Loi du 8 août 1890, art. 31. — Circ. du 14 février 1891, n° 776.)

CHAPITRE II

DES FORMES APPLICABLES A LA PRÉSENTATION DES RÉCLAMATIONS

Art. 17. — Toute demande en décharge ou en réduction doit être rédigée sur papier timbré, à moins qu'elle n'ait pour objet une cote inférieure à 30 francs. (Loi du 21 avril 1835, art. 38.)

Art. 18. — On entend par cote, non le montant de l'article au rôle, mais la part de chaque impôt afférente à un immeuble déterminé, à une profession spéciale, à un commerce distinct. (Circ. du 18 avril 1889, n° 736. — Arr. C. 18 janvier 1890, n° 3536.)

Il en est de même pour les éléments constitutifs de la taxe militaire. (Circ. du 14 mars 1891, n° 781.)

Art. 19. — Les demandes relatives à la taxe des prestations peuvent être présentées sur papier libre, quel que soit le chiffre de la cote. (Lois du 28 juillet 1824, art. 5, et du 22 juillet 1889, art. 61.)

Art. 20. — Sont aussi exemptes du timbre : les déclarations à fin de décharge ou de réduction (art. 2), faites sur les registres spéciaux des mairies (mod. n° 1) ; les déclarations à fin d'exemption temporaire (art. 4), pour plantation ou replantation de vignes dans les arrondissements déclarés atteints par le phylloxéra. Ces dernières sont faites sur des formules (mod. n° 2) fournies aux déclarants par les maires, qui les reçoivent du directeur. (Loi du 21 juillet 1887, art. 2. — Décret du 2 mai 1888, art. 2. — Circ. du 3 mai 1888, n° 712.)

Art. 21. — Les demandes en dégrèvement pour vacance de maisons ou chômage d'usines (art. 13) sont passibles du timbre, sauf quand il s'agit de cotes inférieures à 30 francs. (Circ. du 14 février 1872, n° 507.)

Mais ce droit n'est pas exigible pour les demandes motivées, soit par des pertes de récoltes ou autres événements extraordinaires (art. 11), soit par la situation gênée ou malheureuse des imposés (art. 13).

Les demandes collectives des maires pour pertes de revenu (art. 12) sont aussi exemptes du droit de timbre. (Circ. minist. du 27 décembre 1826.)

Art. 22. — Les réclamations doivent être individuelles, à moins que ceux qui les forment ne soient imposés collectivement ou qu'il ne s'agisse de demandes produites par les maires pour pertes de revenu (art. 12).

Art. 23. — Toute réclamation à fin de décharge ou de réduction doit énoncer l'objet de la demande et doit être motivée.

Il importe que le réclamant y joigne l'avertissement délivré ou un extrait du rôle. (Loi du 22 juillet 1889, art. 2.)

Art. 24. — Chaque demande en décharge ou en réduction doit être accompagnée de la quittance des termes échus, sauf quand il s'agit d'une cotisation payable en une seule fois. (Loi du 21 avril 1832, art. 28. — Arr. C. 16 mars 1878, n° 2904.)

Les déclarations faites sur les registres des mairies (art. 20) sont exemptes de cette formalité. Il en est de même pour les déclarations à fin d'exemption temporaire (art. 20). (Loi du 21 juillet 1887, art. 2. — Circ. du 3 mai 1888, n° 712.)

Art. 25. — N'est pas recevable une réclamation qui n'est signée ni par l'imposé, ni par un mandataire. (Arr. C. 27 décembre 1878, n° 3109.)

Art. 26. — Nul n'est admis à réclamer pour autrui, s'il ne justifie de sa qualité par la production, soit d'un acte authentique, soit d'un mandat régulier.

Ce mandat doit être timbré et enregistré, quel que soit le chiffre de la cote. (Loi du 22 juillet 1889, art. 8.)

Art. 27. — L'ascendant responsable de la taxe militaire peut réclamer, soit contre la fixation de la taxe de l'assujetti, soit contre l'indication concernant sa responsabilité personnelle. (Décret du 30 décembre 1890, art. 35.)

Art. 28. — Les demandes collectives des maires (art. 12) indiquent la nature des pertes et la date de l'événement qui les a causées, les parties des communes où ces pertes ont eu lieu et le nombre approximatif des contribuables qu'elles ont atteints.

Art. 29. — Les états de cotes indûment imposées et les états de cotes irrecouvrables (art. 14) sont rédigés, pour chaque commune, par nature de contribution et dans l'ordre des articles du rôle. Ils doivent contenir, dans la colonne à ce destinée, tous les renseignements et détails propres à établir que les cotes ont été imposées à tort ou qu'elles sont devenues irrecouvrables, notamment les dates précises des décès, départs, faillites, etc., et l'indication des époques auxquelles remonte l'indigence des redevables.

Aux états de cotes irrecouvrables sont joints les certificats d'indigence ou d'absence, les procès-verbaux de carence, les contraintes extérieures, revenues impayées, et tous autres documents relatifs aux cotes présentées, ainsi que les états de règlement des frais de poursuites non recouvrés, ou des extraits certifiés de ces états de règlement.

Les percepteurs doivent fournir leurs états de cotes indûment imposées et irrecouvrables en double expédition. Il leur est interdit de les communiquer aux maires et aux répartiteurs avant de les remettre aux receveurs des finances.

Art. 30. — Les réclamations de toute nature sont adressées au préfet pour l'arrondissement chef-lieu et aux sous-préfets pour les autres arrondissements. (Arrêté du 24 floréal an VIII, art. 1er.)

Il en est de même pour les déclarations afférentes aux plantations ou replantations de vignes (art. 20). (Décret du 2 mai 1888, art. 1er. — Circ. du 3 mai 1888, n° 712.)

Art. 31. — Les déclarations à fin de décharge ou de réduction (art. 20) doivent être faites à la mairie du lieu de l'imposition. Elles y sont inscrites sans frais, sur le registre (mod. n° 1) ; il en est remis un récépissé. (Loi du 21 juillet 1887, art. 2. — Circ. du 19 novembre 1887, n° 704, et du 29 novembre 1888, n° 725.)

Chaque déclaration est signée du réclamant ou de son mandataire. Le déclarant est invité à déposer à l'appui l'avertissement et telles autres pièces qu'il croit utiles.

Art. 32. — Les déclarations mentionnées à l'article précédent ne sont reçues toutefois que pour les impositions comprises dans les rôles généraux des quatre contributions directes, dans les rôles de la taxe des prestations et dans ceux de la taxe militaire. (Loi du 21 juillet 1887, art. 2. — Décret du 30 décembre 1890, art. 38.)

Art. 33. — Pour obtenir l'exemption ou le maintien temporaire de l'impôt foncier dans les cas prévus à l'article 4, les intéressés sont tenus de faire à la sous-préfecture, avant le commencement des travaux, une déclaration détaillée des terrains devant être l'objet de ces travaux. (Loi du 3 frimaire an VII, art. 117.)

Cette déclaration préalable tient lieu de réclamation.

Elle n'est toutefois exigée : ni pour les semis et plantations de bois sur le sommet et le penchant des montagnes, sur les dunes et dans les landes ; ni pour les plantations ou replantations de vignes dans les arrondissements atteints par le phylloxéra. Dans le premier cas, des demandes en décharge doivent être produites dans la forme ordinaire ; dans le second, des imprimés spéciaux sont fournis aux réclamants (art. 20). (Circ. du 24 juin 1861, n° 399, et du 3 mai 1888, n° 712.)

Art. 34. — Les déclarations et demandes visées à l'article précédent sont valables pour toute la durée de l'exemption ou de la garantie accordée par la loi, sans qu'il soit besoin de les renouveler annuellement. (Loi du 3 frimaire an VII, art. 123. — Circ. du 24 juin 1861, n° 399. — Décret du 2 mai 1888, art. 8. — Circ. du 3 mai 1888, n° 712.)

CHAPITRE III

DES DÉLAIS DE RÉCLAMATION

Art. 35. — Les demandes en décharge ou en réduction (art. 1er) et les demandes en mutation de cote (art. 3) doivent être présentées dans les trois mois de la publication des rôles. (Lois du 21 avril 1832, art. 28, et du 4 août 1844, art. 8.)

Toutefois, lorsqu'il s'agit de cotes imposées par faux ou double emploi, le délai de réclamation ne prend fin que trois mois après le jour où l'imposé a eu connaissance officielle des premières poursuites avec frais dirigées contre lui. (Loi du 29 décembre 1884, art. 4. — Circ. du 16 février 1885, n° 666, et du 18 avril 1889, n° 736. — Arr. C. 18 janvier 1890. n° 3536.)

Dans le cas de paiement non précédé de poursuites, la demande est recevable pendant trois mois à partir du paiement, s'il s'agit d'un faux emploi, et du dernier des deux paiements, s'il s'agit d'un double emploi. (Arr. C. 27 mai 1887, et 2 mars 1888, n° 3503.)

Art. 36. — Le délai de réclamation ne court contre l'ascendant responsable de la taxe militaire que du jour où il a eu connaissance de sa responsabilité et de la cote de l'assujetti par les poursuites dirigées contre lui. (Décret du 30 déc. 1890, art. 36 et 37. — Circ. du 14 mars 1891, n° 781.)

Il en est de même pour les contribuables imposés à cette taxe au moyen de rôles complémentaires.

Art. 37. — Les déclarations à fin de décharge ou de réduction faites dans les mairies (art. 2) doivent être reçues dans le mois qui suit la publication des rôles. (Loi du 21 juillet 1887, art. 2. — Circ. du 19 novembre 1887, n° 704.)

Lorsqu'elles sont écartées (art. 90, 91, 114, 115 et 177), les intéressés ont un délai d'un mois à partir de la notification pour présenter une réclamation dans la forme ordinaire, sans préjudice des délais généraux visés à l'article 35.

Art. 38. — Les déclarations à fin d'exemption temporaire pour plantation ou replantation de vignes (art. 4 et 33) doivent être faites dans les trois mois de la publication du rôle de l'année à partir de laquelle l'exemption est due au déclarant. Passé ce délai, elles ne donnent droit à l'exemption que pour les années suivantes. (Décret du 2 mai 1888, art 6. — Circ. du 3 mai 1888, n° 712.)

Art. 39. — Si les déclarations visées à l'article précédent ne sont pas admises en tout ou en partie (art. 119), un délai d'un mois à partir de la notification de la décision prise est accordé aux déclarants pour réclamer dans la forme ordinaire. (Décret du 2 mai 1888, art. 12. — Circ. du 3 mai 1888, n° 712.)

Art. 40. — Lorsque les rôles de la taxe des prestations sont publiés

avant le 1er janvier, le délai des réclamations ne court néanmoins que de
·cette date en ce qui les concerne. (Circ. du 12 décembre 1846, n° 139.)

Art. 41. — Les réclamations contre le classement des propriétés non
bâties ne sont plus recevables après les six mois qui ont suivi la mise en
recouvrement du premier rôle cadastral, sauf s'il s'agit d'erreurs matérielles,
auquel cas elles peuvent être formées à toute époque. (Ordonn. du 3 octobre 1821, art. 9. — Arr. C. 11 juillet 1864, n° 1511.)

Mais les demandes en réduction motivées par des événements extraordinaires sont admises dans les six mois de la publication du premier rôle
ayant suivi ces événements. (Arr. C. 29 mai 1874, n° 2643.)

Art. 42. — Le propriétaire d'une propriété bâtie est admis à réclamer
contre l'évaluation donnée à son immeuble pendant six mois à dater de la
publication du premier rôle dans lequel cet immeuble a été imposé, et pendant trois mois à partir de la publication du rôle suivant. (Loi du 8 août
1890, art 7. — Circ. du 27 janvier 1891, n° 774.)

Il n'est plus admis ensuite à réclamer qu'autant que, par suite de circonstances exceptionnelles, son immeuble a subi une dépréciation. Sa demande doit alors être produite dans les trois mois de la publication du rôle.

En dehors des cas prévus aux deux paragraphes précédents, aucune demande n'est plus recevable, à moins que l'immeuble n'ait été, en tout ou en
partie, détruit ou converti en bâtiment rural.

Art. 43. — Les demandes en transfert de patente (art. 5) doivent être produites dans les trois mois, soit de la cession de l'établissement, soit de la
publication du rôle supplémentaire dans lequel le cessionnaire a été compris. (Loi du 15 juillet 1880, art. 28. — Arr. C. 20 mars 1883, n° 3286.)

Le transfert de la taxe sur les billards (art. 5) doit être réclamé dans les
trois mois de la cession. (Circ. du 12 janvier 1872, n° 505.)

Art. 44. — Lorsqu'un établissement a été fermé par suite de décès, de
liquidation judiciaire ou de faillite déclarée (art. 6), la réclamation doit
être présentée dans les trois mois ayant suivi la fermeture définitive de
l'établissement. (Lois du 15 juillet 1880, art. 28, et du 8 août 1890, art. 30.
— Arr. C. 28 février 1870, n° 2235.)

Art. 45. — Les demandes d'inscription sur les rôles (art. 7) ne sont recevables que dans les trois mois qui suivent la publication de ces rôles.
(Loi du 21 avril 1832, art. 28.)

Art. 46. — Les demandes en annulation de poursuites ou en remboursement (art. 8), et les demandes en décharge de garantie (art. 9), doivent
être présentées dans les trois mois soit des poursuites, soit des paiements. (Arr. C. 15 juin 1866, n° 1701, et 4 août 1868, n° 2038.)

Art. 47. — Les réclamations contre le règlement des frais d'expertise et
de tierce expertise (art. 10) doivent être reçues dans les trois jours de la
notification de l'arrêté de règlement, s'il a précédé la décision du conseil
de préfecture sur le fond, et dans les huit jours de la notification, s'il n'a
été pris qu'après cette décision. (Loi du 22 juillet 1889, art. 23 et 66.)

Art. 48. — Le jour de la publication du rôle et celui de l'échéance ne
sont pas comptés dans le délai de trois mois accordé pour la présentation
des demandes en décharge ou en réduction. Ainsi, lorsqu'un rôle a été pu-
blié le 4 janvier, la réclamation est recevable jusqu'au 5 avril inclusivement.
(Circ. du 30 septembre 1846, n° 134.)

Il en est de même pour le premier et le dernier jour des délais impartis dans les autres cas de réclamation.

Art. 49. — Les demandes en remise ou en modération, individuelles ou collectives, pour pertes résultant d'événements extraordinaires (art. 11 à 13), doivent être produites dans les quinze jours qui suivent ces événements. S'il s'agit de pertes de récoltes, elles doivent être présentées, au plus tard, quinze jours avant l'époque habituelle de l'enlèvement des récoltes. (Circ. minist. du 22 décembre 1826.)

Art. 50. — Les demandes en dégrèvement pour cause de démolition en cours d'année (art. 13) doivent être reçues dans les quinze jours de l'achèvement de la démolition.

Art. 51. — Les réclamations pour vacance de maisons ou pour chômage d'usines (art. 13) doivent être produites dans les quinze jours ayant suivi, soit la cessation de la vacance ou du chômage, soit l'expiration d'une année d'inoccupation (art. 80). (Circ. du 31 août 1844, n° 47. — Loi du 8 août 1885, art. 35. — Circ. du 30 septembre 1885, n° 674.)

Art. 52. — Les délais mentionnés aux articles 49 à 51 sont de rigueur. Il n'appartient qu'au ministre de relever de la déchéance les demandes reçues après l'expiration de ces délais (art. 65). (Circ. minist. du 5 juin 1841.)

Art. 53. — Les demandes en remise pour cause de gêne ou d'indigence (art. 13) peuvent être formées à toute époque.

Art. 54. — Les états de cotes indûment imposées (art. 14) doivent être présentés dans les trois mois de la publication des rôles. (Loi du 3 juillet 1846, art. 6. — Instr. Compt. 1859, art. 128.)

Art. 55. — Les états de cotes irrecouvrables (art. 14) doivent être déposés à la préfecture ou à la sous-préfecture avant le 1er avril de l'année qui suit celle à laquelle ils se rapportent. (Inst. Compt. 1859, art. 136.)

Lorsqu'un percepteur est entré en fonctions dans les deux premiers mois de l'année, le dépôt de ces états de cotes irrecouvrables peut être différé de deux mois à partir du jour de son installation. Ce dépôt ne peut donc être retardé au delà du 1er mai. (Instr. Compt. 1858, art. 129.)

Les percepteurs ont jusqu'à cette dernière date pour la présentation des états de cotes irrecouvrables concernant les rôles supplémentaires du 4e trimestre.

Ils peuvent, exceptionnellement, demander au Ministre de les relever de la déchéance pour la présentation hors délai d'états de cotes irrecouvrables (art. 212). (Circ. du 18 avril 1889, n° 736, et du 26 février 1891, n° 778.)

Art. 56. — Les états de dégrèvement dressés, d'office, par les directeurs (art. 16) peuvent être produits à toute époque. (Loi du 21 juillet 1887, art. 3. — Circ. du 19 novembre 1887, n° 704.)

CHAPITRE IV

RÉCEPTION, ENREGISTREMENT ET PREMIER EXAMEN DES RÉCLAMATIONS

Art. 57. — Les demandes de toute nature sont enregistrées dans les bureaux de la sous-préfecture ou de la préfecture à la date même de leur réception. (Loi du 22 juillet 1889, art. 1er.)

Cette date est inscrite sur chaque demande avec le numéro d'enregistrement. Elle doit y être portée très exactement, attendu qu'elle sert à établir le cas de déchéance et à fixer l'époque à partir de laquelle le paiement de la cote pourrait être suspendu (art. 153).

Il en est de même pour les déclarations relatives aux plantations ou replantations de vignes (art. 20).

Art. 58. — Les demandes qui ne seraient pas recevables pour défaut de timbre, de quittance, de signature, etc., sont renvoyées aux réclamants pour être régularisées. Mais elles sont enregistrées auparavant et prennent date de la première réceptïon. (Circ. du 17 janvier 1853, n° 288. — Arr. C. 24 juin 1881, n° 3285.)

Art. 59. — Les demandes reçues à la préfecture sont transmises sans délai au directeur. Celles qui sont déposécs à la sous-préfecture sont immédiatement envoyées au préfet, qui les adresse au directeur.

Ce chef de service reçoit aussi du préfet les déclarations faites pour plantation ou replantation de vignes (art. 57). (Circ. du 3 mai 1888, n° 712.)

Art. 60. — Les demandes collectives pour pertes (art. 12) sont enregistrées dans les mêmes conditions et transmises au directeur. Celles qui sont produites en temps voulu (art. 49) sont accompagnées d'arrêtés du préfet ou du sous-préfet nommant les commissaires chargés de procéder à la vérification avec le contrôleur. (Arrêté du 24 floréal an VIII, art. 26.)

Art. 61. — Le directeur examine les réclamations à mesure qu'elles lui parviennent. Il renvoie au préfet celles qui sont encore irrégulières ou incomplètes, afin que les parties soient mises à même de les régulariser (art. 58).

Les réclamations régulières sont inscrites immédiatement sur les registres par contrôle tenus à la direction (mod. n° 5). Le directeur y reporte les numéros qu'elles prennent sur ces registres.

Art. 62. — Il établit ensuite pour chaque affaire une feuille d'instruction (mod. n° 6), qu'il remplit jusques et y compris la date d'envoi au contrôleur.

Lorsqu'une demande s'applique à plusieurs contributions comprises dans un même article, elle reçoit autant de numéros qu'elle concerne de contributions différentes. Mais il n'est établi qu'une seule feuille d'instruction par article de rôle.

Art. 63. — Les demandes en décharge ou en réduction qui paraissent avoir été produites tardivement sont enregistrées à part et soumises, sans autre instruction, à la formalité du dépôt (art. 103), avec un rapport motivé du directeur tendant à leur opposer la déchéance. Elles sont ensuite, s'il y a lieu, transmises au conseil de préfecture, qui a seul le droit, à l'exclusion du préfet, de décider si la déchéance a été encourue. (Circ. minist. du 5 juin 1884.)

Art. 64. — Le conseil de préfecture est saisi immédiatement par le directeur, sans instruction sur le fond, des états de cotes indûment imposées qui n'ont été reçus qu'après l'expiration du délai légal (art. 54).

Art. 65. — Les demandes en remise ou en modération présentées en dehors des délais réglementaires sont aussitôt renvoyées par le directeur au préfet, qui en prononce le rejet, à moins qu'à raison de circonstances exceptionnelles il ne juge à propos d'en référer au ministre (art. 52). (Circ. minist. du 5 juin 1841.)

Cette disposition s'applique aux états de cotes irrecouvrables.

Art. 66. — Les affaires autres que celles visées aux trois articles précédents sont transmises au contrôleur, avec les feuilles d'instruction établies pour les demandes individuelles (art. 62).

Le directeur joint aux réclamations qui soulèvent des questions difficiles ou qui manquent de précision une note indiquant les faits à constater ou les points à éclaircir. Cette note lui est renvoyée plus tard avec le dossier.

Art. 67. — Dès que le contrôleur a reçu les réclamations, il les inscrit sur ses registres (mod. n° 7), en suivant exactement l'ordre des numéros de la direction. (Circ. du 14 février 1827.)

Il analyse chaque demande sur la feuille d'instruction et s'assure qu'elle ne fait pas double emploi soit avec une demande antérieure, soit avec une déclaration déjà reçue à la mairie (art. 31). (Circ. du 19 novembre 1887, n° 704.)

Art. 68. — Les registres de la direction et ceux des contrôleurs doivent présenter l'analyse claire et suffisamment développée de chaque demande et recevoir successivement et sans retard, dans les colonnes à ce destinées, l'indication de la marche et des résultats de l'instruction.

Art. 69. — Des registres spéciaux (mod. n°s 16 et 26) sont ouverts par les contrôleurs, pour l'inscription des déclarations faites dans les mairies, et par le directeur, pour l'inscription des états de déclarations ou des réclamations pour plantation ou replantation de vignes. (Circ. du 29 novembre 1888, n° 725, et du 3 mai 1888, n° 712.)

Art. 70. — Les registres de réclamations sont tenus année par année. Les réclamations reçues après le 31 décembre sont portées sur les registres de l'année suivante. (Circ. du 14 février 1827. — Circ. du 12 mai 1888, n° 716.)

CHAPITRE V

INSTRUCTION DANS LA COMMUNE

I. — *Réclamations individuelles. — États des percepteurs.*

Art. 71. — Le contrôleur prend l'avis du maire et des répartiteurs : sur les demandes en décharge ou en réduction concernant les contributions foncière (propriétés bâties et non bâties), personnelle-mobilière et des portes et fenêtres; sur les demandes à fin d'exemption temporaire, de mutation de cote, ou d'inscription au rôle, enfin sur les états de cotes indûment imposées et de cotes irrecouvrables. (Arrêté du 24 floréal an VIII, art. 4. — Loi du 21 avril 1832, art. 28.)

Doivent aussi être soumises aux maires et aux répartiteurs les demandes en décharge ou en réduction relatives : à la taxe des biens de mainmorte : aux redevances sur les mines ; à la contribution sur les voitures et chevaux ; à la taxe des prestations et à la taxe sur les chiens. (Circ. du 10 mars 1849, n° 199. — Décret du 6 mai 1811, art. 18 et 48. — Circ. du 21 septembre 1872, n° 518. — Instr. du 24 juin 1836. — Circ. du 2 octobre 1855, n° 342.)

Mais le maire seul est appelé à donner son avis sur les demandes en décharge ou en réduction afférentes : à la contribution des patentes; aux taxes assimilées autres que celles indiquées au paragraphe précédent, nofammeni a la taxe sur les billards, à la taxe sur les cercles et à la taxe militaire. (Loi du 15 juin 1880, art. 27. — Circ. du 12 janvier 1872, n° 505. — Décret du 30 novembre 1890, art. 34.)

C'est également au maire seul que sont soumises toutes les demandes en remise ou en modération.

Art. 72. — La commission des répartiteurs est composée du maire, de l'adjoint et de cinq contribuables fonciers de la commune, dont deux au moins ne l'habitant pas, s'il s'en trouve de tels. (Loi du 5 frimaire an VII, art. 9.)

Cinq répartiteurs suppléants remplacent au besoin les répartiteurs titulaires. (Circ. du 18 mars 1844, n° 27.)

Art. 73. — Les répartiteurs, titulaires et suppléants, sont nommés chaque année par le sous-préfet sur une liste de vingt noms dressée par le conseil municipal. (Loi du 5 avril 1884, art. 61. — Circ. du 13 juin 1884, n° 658.)

Les répartiteurs en exercice continuent leurs fonctions jusqu'à la nomination de leurs successeurs. Les nouveaux répartiteurs doivent donner leur avis sur toutes les réclamations qui leur sont soumises, alors même qu'elles s'appliquent à des cotes établies par leurs prédécesseurs. (Circ. minist. du 27 août 1835.)

Art. 74. — Les répartiteurs délibèrent en commun à la majorité des suffrages. Leurs délibérations ne sont régulières que s'ils sont au nombre de cinq au moins présents. (Loi du 3 frimaire an VII, art. 23. — Arr. C. 10 février 1888, Couture, Calvados, et 7 mars 1891, Guitton, Seine-et-Marne.)

Si quelques-uns d'entre eux ne savent, ne peuvent ou ne veulent signer, mention en est faite au bas de la délibération, afin de constater le nombre des délibérants.

L'avis des répartiteurs ou celui du maire doit être donné dans un délai de dix jours. (Loi du 2 messidor an VII, art. 20.)

Il doit être motivé.

Art. 75. — A moins que le fait allégué ne soit indiscutable, le contrôleur vérifie chaque réclamation dans la commune même. Il doit, autant que possible, se mettre en rapport avec le réclamant et lui fournir les explications que l'affaire nécessite. (Instr. minist. du 30 septembre 1831.)

Il doit aussi envisager la demande dans son esprit et ne pas s'en tenir étroitement à ses termes. (Circ. du 19 mai 1845, n° 78. — Arr. C. 2 nov. 1877, n° 3003.)

Art. 76. — Dans son avis, le contrôleur examine d'abord la réclamation au point de vue de la forme. Il s'attache ensuite à fournir les indications et les détails nécessaires pour permettre d'apprécier le mérite de la demande quant au fond.

Art. 77. — Lorsqu'il s'agit d'une question de principe, par exemple, d'une exemption légale revendiquée par une personne ou pour une propriété, le contrôleur fait connaître les conditions exactes dans lesquelles se trouvent soit cette personne, soit cette propriété. Il rappelle ensuite les lois, règlements ou décisions qui lui paraissent être applicables dans la circonstance.

Chacun des arrêts qu'il cite doit être indiqué par sa date, par le nom du contribuable et par celui du département et, s'il y a lieu, par le numéro que cet arrêt prend dans le *Recueil officiel.* (Circ. du 15 décembre 1882, n° 634.)

S'il s'agit d'une question de fait, le contrôleur résume les constatations auxquelles il s'est livré ou les renseignements qu'il a recueillis et décrit, le cas échéant, les locaux ou objets sur lesquels porte la contestation : d'après cet exposé, il formule ses conclusions. Lorsqu'une surtaxe est alléguée, il établit par les comparaisons ou les calculs nécessaires que le chiffre attaqué doit être maintenu ou qu'il doit être réduit.

Au cas où le réclamant se prétend imposé pour une profession, une industrie ou un commerce autre que celui qu'il exerce, le contrôleur fait connaître le genre et l'importance des travaux ou des opérations du patentable et la nature des objets ou marchandises trouvés chez lui. Il indique, s'il y a lieu, comment se font ses achats et ses ventes et quelle est sa clientèle (marchands en gros, en demi-gros ou en détail, industriels, artisans ou simples particuliers).

Au besoin, il met le réclamant en demeure de représenter ses livres de commerce ou tous autres documents. S'il obtient cette communication, il opère les relevés propres à donner une idée exacte des opérations qu'il s'agit d'apprécier. (Loi du 15 juillet 1880, art. 26.)

Dans les questions de pluralité d'établissements, le contrôleur fait connaître la nature de chacune des professions exercées, la disposition des locaux affectés à chacune d'elles et les attributions du personnel qu'elles occupent respectivement.

Pour les établissements industriels, le contrôleur indique, s'il s'agit du droit fixe, la nature des opérations et l'emploi de l'outillage, le nombre des ouvriers et celui des métiers, meules, machines ou autres éléments de production, la capacité des cuves, fosses, chaudières, etc..... A l'égard du droit proportionnel, si l'établissement n'est pas loué ou si son prix de location ne peut être considéré comme en représentant la valeur locative normale, le contrôleur décrit les maisons, magasins et bâtiments d'exploitation ; il indique la force des moteurs, ainsi que la nature, l'importance et l'état du matériel qu'ils actionnent. Sur ces données, et en tenant compte des circonstances spéciales à l'établissement, il détermine la valeur locative par voie de comparaison avec des établissements similaires ayant fait l'objet d'actes réguliers, et, à défaut de ces bases, par voie d'appréciation directe, c'est-à-dire à l'aide des prix de construction des bâtiments et de revient de l'outillage, des inventaires, des polices d'assurance, etc.

Art. 78. — Pour les contribuables qui ont quitté la commune après le travail des mutations, et qui réclament contre leur impôt personnel-mobilier, le contrôleur fait les recherches ou provoque les communications propres à établir s'ils sont passibles de cet impôt dans leur nouvelle résidence. (Circ. du 31 mars 1886, n° 679.)

Art. 79. — L'instruction des demandes en mutation de cote est faite selon les formes prescrites pour les demandes en décharge ou en réduction. (Loi du 2 messidor an VII, art. 5. — Arrêté du 24 floréal an VIII, art. 1er et 2.)

Les tiers intéressés doivent être mis en cause.

Il en est de même pour l'instruction des demandes en transfert de patente. Les droits à transférer sont calculés à partir du jour où l'établissement est passé aux mains du cessionnaire (art. 96). (Circ. du 31 décembre 1890; n° 770.)

Les demandes ou déclarations à fin d'exemption temporaire (art. 33) sont instruites, au vu des terrains, par le contrôleur, assisté du maire et des répartiteurs. (Loi du 3 frimaire an VII, art. 119.)

Art. 80. — A l'égard des réclamations pour vacance de maisons ou pour chômage d'usines, le contrôleur s'assure que la perte subie a été indépendante de la volonté du propriétaire. (Loi du 8 juin 1833, art. 5.)

Il ne doit proposer de dégrèvement sur la contribution foncière que si l'inoccupation des maisons a été d'une année au moins et le chômage des usines d'au moins un trimestre. Pour la contribution des portes et fenêtres, il suffit que la vacance ou le chômage ait été d'un trimestre. (Circ. du 16 février 1846, n° 113. — Loi du 8 août 1885, art. 35. — Circ. du 30 septembre 1885, n° 674.)

Les dégrèvements se calculent ensuite par mois entier de vacance ou de chômage, et, s'il y a lieu, d'après les centimes-le-franc afférents à chaque année, sans pouvoir cependant s'étendre à plus de douze mois en deçà des quinze jours ayant précédé la réclamation. (Circ. du 18 mai 1854, n° 321.)

Art. 81. — En ce qui a trait aux demandes en remise pour cause de gêne ou d'indigence, le contrôleur recueille les informations propres à établir la véritable situation des pétitionnaires.

Il s'assure près du percepteur si les cotes dont la remise est demandée ont été soldées en tout ou en partie, et le mentionne dans son rapport, à titre d'élément d'appréciation. (Circ. du 18 avril 1889, n° 736.)

Art. 82. — Les états des percepteurs sont instruits dans les communes. (Circ. min. du 22 mars 1835 et des 21 janvier et 17 mai 1836. — Circ. du 29 novembre 1888, n° 725.)

Le contrôleur procède, avec les répartiteurs, à la vérification des faits allégués par le comptable. S'il s'agit de cotes présentées comme irrecouvrables, il doit s'assurer que le percepteur a fait en temps utile les diligences nécessaires pour parvenir au recouvrement, soit sur les imposés eux-mêmes, soit sur les tiers responsables.

A l'égard des cotes foncières, il constate la nature des propriétés imposées, recherche si elles n'appartiennent pas à d'autres contribuables que ceux portés aux rôles et vérifie si elles ont produit des fruits ou loyers pouvant servir de gage à l'impôt.

Il s'assure en outre que les frais de poursuites dont la remise est demandée n'ont pas été faits abusivement.

Enfin, après avoir constaté, au vu des rôles, la situation du recouvrement des cotes portées sur les états, il inscrit sur ces états la mention : *Vu les rôles, le...* (Circ. du 29 novembre 1888, n° 725.)

Art. 83. — A moins que des circonstances particulières, dont il a soin de rendre compte au directeur, n'exigent un ajournement, le contrôleur doit profiter de son passage dans chaque commune pour instruire toutes les réclamations qu'il a reçues à ce moment. (Inst. mut. 1886, art. 35.)

Aussitôt que l'instruction est terminée, il met au courant ses registres (art. 68) et renvoie les dossiers au directeur.

Ses avis doivent porter l'indication en toutes lettres, du montant des dégrèvements proposés. (Circ. du 24 février 1890, n° 754.)

Art. 84. — Le contrôleur est remplacé dans l'instruction des demandes individuelles : par le vérificateur des poids et mesures, à l'égard de cette taxe ; par l'ingénieur des mines, pour les redevances sur les mines et les redevances pour rétribution des délégués mineurs ; par le conseil d'hygiène, pour les droits de visite chez les pharmaciens et droguistes et pour les droits d'inspection dans les fabriques et dépôts d'eaux minérales. (Circ. minist. du 14 mars 1826. — Décret du 6 mai 1811, art. 45 et 48. — Circ. du 19 janvier 1891, n° 771. — Circ. du 12 mars 1868, n° 468, et du 10 août 1887, n° 699.)

Toutefois, en matière de redevances sur les mines, c'est le contrôleur qui est chargé, le cas échéant, de diriger l'expertise. (Décret du 6 mai 1811. art. 49 et 50.)

II. — *Demandes collectives pour pertes.*

Art. 85. — Lorsque le directeur a reçu les demandes collectives pour pertes (art. 60), il fixe, sur la proposition du contrôleur, le jour et l'heure de la vérification et en donne immédiatement avis au maire et aux commissaires par lettres (mod. n°ˢ 8 et 9). Il en informe éga'ement le contrôleur et lui transmet les demandes.

Le directeur peut faire remplacer les contrôleurs empêchés et faire aider par un ou plusieurs autres agents ceux dont les divisions auraient été atteintes sur une trop grande étendue, de manière que la constatation des pertes ait lieu à une époque aussi rapprochée que possible de celle des sinistres.

Toutefois, lorsqu'il s'agit de pertes que le temps atténue ou répare naturellement, ou bien lorsque ces pertes ne sont susceptibles d'être appréciées avec exactitude qu'au moment de la récolte, il ne doit pas être procédé aux vérifications avant l'époque où elles peuvent être utilement faites. (Circ. du 16 juillet 1827 et du 12 juin 1856, n° 349.)

Le concours du service des contributions directes doit d'ailleurs être limité à la vérification des pertes susceptibles de motiver des dégrèvements d'impôt. Ce service n'a pas à intervenir notamment dans l'instruction des demandes de secours pour pertes d'animaux domestiques. (Circ. du 7 septembre 1850, n° 234.)

Art. 86. — Dès que le maire est informé du jour et de l'heure fixés pour la vérification, il les annonce dans toutes les parties de la commune par affiches et publications. Il invite par les mêmes voies les perdants à fournir un état détaillé de leurs pertes, s'ils ne l'ont fait déjà, ou à venir déclarer ces pertes devant la commission au jour fixé.

Ces annonces et avis sont renouvelés la veille et le jour de la vérification. Le maire reçoit à cet effet du directeur le nombre d'affiches nécessaires (mod. n° 10).

Art. 87. — Le contrôleur et les commissaires se font assister par le maire et, au besoin, par quelques habitants non intéressés. Ils visitent les lieux, de manière à se rendre un compte exact de la nature, de l'étendue et de l'importance du sinistre. Ils entendent les perdants qui se présentent et reçoivent leurs déclarations qu'ils rectifient, s'il y a lieu. Ils vérifient les déclarations déposées à l'avance, suppléent à celles qui n'ont pas été faites et complètent celles qui n'ont été que partielles.

Enfin, ils dressent un procès-verbal collectif (mod. nº 11) qui présente, avec la liste des perdants, les indications nécessaires pour assurer le calcul des dégrèvements et pour faciliter la distribution des secours par le préfet.

Art. 88. — Pour les propriétés qui sont louées, on inscrit au-dessous du nom du propriétaire celui du fermier, afin que ce dernier puisse, s'il y a lieu, participer à l'allocation des secours. (Circ. du 12 juin 1856, nº 349.)

Art. 89. — Les pertes doivent être estimées avec modération et sincérité. Il n'y a pas lieu de tenir compte des dommages qui n'excèdent pas l'importance de ceux que l'ordre naturel des choses peut occasionner.

Avant de se séparer, le contrôleur et les commissaires comparent les résultats de leur travail avec les données générales qu'ils ont pu recueillir sur l'étendue et la gravité du sinistre, tant par la visite des lieux que par l'examen du plan et des autres pièces cadastrales et par le rapprochement des documents statistiques à leur disposition. Ils n'arrêtent définitivement le procès-verbal qu'après avoir acquis l'assurance qu'il ne présente aucune espèce d'exagération.

III. — *Déclarations faites dans les mairies à fin de décharge ou de réduction.*

Art. 90. — A son passage dans la commune, le contrôleur donne au maire et aux répartiteurs lecture des déclarations reçues (art. 31) et prend leur avis sur chacune de ces déclarations. (Loi du 21 juillet 1887, art. 2. — Circ. du 19 novembre 1887, nº 704.)

Celles dont un examen sommaire fait aussitôt reconnaître le bien-fondé sont seules retenues. Celles qui ne paraissent pas exactes et celles qui ne pourraient être vérifiées immédiatement doivent être écartées. (Circ. du 19 novembre 1887, nº 704, et du 29 novembre 1888, nº 725.)

Art. 91. — Les déclarations reconnues fondées sont analysées par le contrôleur sur un état de dégrèvement (mod. nº 12), qui est revêtu de l'avis du maire ou des répartiteurs, suivant le cas. Le contrôleur y ajoute son avis personnel, ainsi que les bases et le montant de chacun des dégrèvements qu'il propose. (Circ. du 19 novembre 1887, nº 704.)

Il porte également sur cet état les déclarations qui ont été reconnues exactes, sans toutefois que le déclarant ait précisé la quotité du dégrèvement qu'il poursuit. Mais une lettre d'avis spéciale (mod. nº 13) lui est adressée par le contrôleur afin d'avoir son acceptation, à défaut de laquelle sa déclaration est rayée de l'état par le directeur (art. 115). (Circ. du 29 novembre 1888, nº 725.)

Quant aux déclarations écartées, elles font l'objet de lettres d'avis (mod. nº 14) que le contrôleur rédige à l'adresse des déclarants et qu'il laisse au maire, avec un bordereau (mod. nº 15) destiné à constater la remise de ces lettres. (Circ. du 19 novembre 1887, nº 704.)

Si des déclarants n'habitent pas la commune, les lettres d'avis les concernant sont envoyées au directeur, pour être transmises au lieu de leur domicile

Art. 92. — Lorsqu'une déclaration à fin de mutation de cote a été signée et approuvée par la partie à imposer, le contrôleur établit une feuille d'instruction spéciale et la joint à l'état, dont il ne remplit que les quatre premières colonnes à l'égard de cette déclaration. (Circ. du 29 novembre 1888, n° 725.)

Art. 93. — Le contrôleur arrête ensuite l'état et le transmet au directeur avec les pièces déposées par les déclarants et une copie du bordereau qu'il a remis au maire (art. 91). Il dresse, s'il y a lieu, un état négatif. (Circ. du 29 novembre 1888, n° 725.)

Il arrête enfin le registre de la mairie et l'annote de la suite donnée à chaque déclaration. (Circ. du 19 novembre 1887, n° 704, et du 29 novembre 1888, n° 725.)

Les déclarations comprises dans les états sont inscrites par le contrôleur sur un registre spécial (mod. n° 16). Une série particulière de numéros est affectée aux états négatifs. (Circ. du 29 novembre 1888, n° 725.)

IV. — *Déclarations relatives aux plantations ou replantations de vignes.*

Art. 94. — Les déclarations faites par les propriétaires et l'état collectif dressé par le directeur (art. 117) sont transmis au contrôleur avant son passage dans la commune. (Circ. du 3 mai 1885, n° 712.)

Art. 95. — Le contrôleur vérifie ces déclarations avec le concours des répartiteurs et y porte les revenus cadàstraux devant servir de base aux dégrèvements. (Circ. du 3 mai 1888, n° 712.)

Pour celles qui sont reconnues exactes, une mention sommaire est inscrite sur l'état. Pour celles qui paraissent inexactes ou prématurées, les faits constatés sont résumés sur les déclarations, qui sont signées des répartiteurs et du contrôleur.

Les déclarations et les états sont alors renvoyés au directeur.

V. — *États de transfert de patente et de dégrèvement d'office.*

Art. 96. — Chaque fois que le contrôleur constate qu'il s'est produit une cession d'établissement et que le transfert de la patente, bien qu'étant possible, n'a pas été demandé et ne peut plus l'être, il dresse, d'office, un état spécial (mod. n° 3), sur lequel il détermine les droits à transférer. Ces droits sont calculés à partir du jour où l'établissement est passé aux mains du cessionnaire (art. 79). (Loi du 8 août 1890, art. 29. — Circ. du 31 décembre 1890, n° 770.)

A son passage dans la commune, le contrôleur fait, avec l'aide du maire et des répartiteurs, le relevé (mod. n° 17) des chefs de famille à exonérer, d'office, de la contribution personnelle-mobilière, comme ayant sept enfants (art. 16). Ce relevé est ensuite transmis au directeur pour servir à la rédaction de l'état de dégrèvement prévu audit article. (Loi du 8 août 1890, art. 31. — Circ. du 14 février 1891, n° 776.)

CHAPITRE VI

INSTRUCTION PAR LE DIRECTEUR

I. — Réclamations individuelles et demandes collectives pour pertes.
États des percepteurs.

Art. 97. — Le directeur se livre à l'examen des réclamations dès que les dossiers sont rentrés dans ses bureaux. Il s'assure que l'instruction est régulière et que le contrôleur s'est conformé aux indications qu'il lui avait données en lui transmettant les dossiers (art. 66). (Circ. minist. du 30 septembre 1831.)

Si l'instruction d'une demande est incomplète ou si les faits n'ont pas été suffisamment éclaircis, il renvoie le dossier au contrôleur en lui prescrivant d'effectuer un supplément de vérification et, au besoin, de retourner dans la commune.

Art. 98. — Dans les affaires importantes et, spécialement, lorsqu'un désaccord s'est produit entre le maire ou les répartiteurs et le contrôleur, il charge l'inspecteur du supplément d'instruction qu'il juge nécessaire. (Circ. minist. du 20 septembre 1831.)

Il ne doit d'ailleurs, en aucun cas, obliger un agent à changer son avis. (Circ. du 7 avril 1855, nº 269.)

Art. 99. — Le directeur donne son avis sur toutes les réclamations, y compris celles qui ont été instruites par des agents ou fonctionnaires autres que les contrôleurs (art. 84). Pour les questions de recouvrement, il prend, s'il y a lieu, l'avis du trésorier-payeur général.

Art. 100. — Lorsque les contribuables ont changé de département après le travail des mutations, il adresse au besoin à ses collègues les communications nécessaires pour établir si les réclamants continuent à être passibles de l'impôt personnel-mobilier (art. 78) (Circ. du 31 mars 1886, nº 679.)

Art. 101. — Le directeur fait son rapport dès que l'instruction lui paraît complète ; ce rapport doit contenir le résumé et la discussion des faits constatés. Les conclusions doivent être fondées sur les lois, règlements ou décisions s'appliquant à l'espèce. (Loi du 21 avril 1832, art. 29.)

Les arrêts invoqués sont cités avec précision (art. 77). (Circ. du 15 décembre 1882, nº 634.)

Les dégrèvements proposés sont énoncés en toutes lettres (art. 83). (Circ. du 21 février 1890, nº 754.)

Art. 102. — Si le directeur conclut à l'admission pure et simple de la demande, il envoie immédiatement le dossier au conseil de préfecture. (Loi du 21 avril 1832, art. 29.)

Art. 103. — S'il propose au contraire, soit de la rejeter, soit de ne l'accueillir qu'en partie, il transmet le dossier au préfet ou au sous-préfet pour dépôt, avec une lettre d'envoi (mod. nº 18). En même temps, il notifie ce dépôt au réclamant ou à son mandataire par une lettre d'avis (mod. nº 19). (Loi du 21 avril 1832, art. 29.)

Cette lettre doit énoncer d'une manière explicite les motifs sur lesquels sont fondées les conclusions du directeur. Elle informe le réclamant qu'un délai de dix jours lui est accordé pour fournir ses observations, après avoir pris connaissance du dossier, s'il le juge à propos, et pour déclarer s'il entend recourir à l'expertise. Mention y est faite du droit qui appartient au réclamant de requérir une tierce expertise, au cas de désaccord des experts, ainsi que des dispositions légales relatives au paiement des frais d'expertise et de tierce expertise. Enfin, le pétitionnaire y est invité à faire connaître s'il désire présenter des observations orales devant le conseil de préfecture. (Loi du 21 avril 1832, art. 29. — Circ. du 28 septembre 1885, n° 673. — Loi du 22 juillet 1889, art. 11.)

Art. 104. — Lorsque le rejet n'est proposé que pour défaut ou insuffisance de la quittance des termes échus, la lettre portant avis du dépôt du dossier doit contenir les indications nécessaires pour permettre à l'intéressé de régulariser sa réclamation (Circ. du 7 mai 1887, n° 690.)

Art. 105. — Pour les demandes en mutation de cote et en transfert de patente (art. 79), des lettres d'avis de dépôt sont envoyées à tous les intéressés.

Art. 106. — Dans les deux cas visés à l'article 103, le dépôt du dossier et la notification de ce dépôt au réclamant sont obligatoires, à peine de nullité de la décision. (Circ. du 27 janvier 1844, n° 22. — Arr. C. 24 avril 1874, n° 2488.)

Art. 107. — Ces formalités ne sont toutefois applicables qu'aux demandes en décharge ou en réduction, à l'exclusion des demandes en remise ou en modération et des états des percepteurs.

Au cas cependant de vacance ou de chômage, d'incendie, de démolition, etc., le directeur apprécie s'il convient, dans l'intérêt de l'instruction, que le réclamant soit mis à même de fournir ses observations. Il lui adresse dans ce cas une lettre d'avis spéciale.

Art. 108. — Les observations produites par les réclamants eux-mêmes sont exemptes des droits de timbre et d'enregistrement ; mais les mémoires qu'ils font présenter, en leur nom, par des agents d'affaires ou autres mandataires doivent être timbrés et enregistrés. L'enregistrement est toutefois gratuit, s'il s'agit de cote n'excédant pas 100 francs. (Circ. du 12 février 1873, n° 524, et du 25 mars 1881, n° 605. — Loi du 16 juin 1824, art. 6.)

Art. 109. — Le dépôt du dossier et la notification de ce dépôt au réclamant doivent être renouvelés, lorsque, dans la suite de l'instruction, et notamment après l'expertise (art. 135), des faits, des chiffres ou des moyens nouveaux sont invoqués à l'encontre de la réclamation. (Circ. du 27 janvier 1844, n° 22, et du 18 avril 1889, n° 736.)

Art 110. — Les lettres d'avis de dépôt sont envoyées aux maires, pour être transmises par leurs soins aux intéressés. Elles sont accompagnées de bordereaux (mod. n° 20) destinés à recevoir l'indication de leur date de remise. (Circ. du 4 mai 1844, n° 35, et du 5 février 1883, n° 639.)

Ces bordereaux sont inscrits sur un carnet (mod. n° 21) qui est annoté de leurs dates d'envoi et de retour. (Circ. du 5 février 1883, n° 639.)

Art. 111. — Les dossiers restent déposés à la sous-préfecture pendant quinze jours à dater de leur envoi (art. 103). Ce délai expiré, ils sont renvoyés au directeur, avec les observations des réclamants, s'ils en ont fourni, ou l'attestation, par le sous-préfet, qu'ils n'en ont pas produit. (Circ. minist. du 30 septembre 1831.)

Dans [ce dernier cas, les dossiers sont aussitôt transmis au conseil de préfecture.

Dans le cas contraire, le directeur rédige un second rapport, après avoir, au besoin, demandé au contrôleur un nouvel avis ou chargé l'inspecteur d'un supplément d'information (art. 97 et 98).

Art. 112. — Les demandes individuelles en remise ou en modération sont envoyées au préfet, dès que l'instruction en est complète.

Lorsqu'il s'agit de contribuables invoquant leur état de gêne, le directeur s'assure que le contrôleur a fait les recherches prescrites à l'article 81, pour constater l'état du recouvrement des cotes. (Circ. du 18 avril 1889, n° 736.)

.Les demandes collectives pour pertes sont de même transmises au préfet pour décision, dès qu'elles sont instruites.

Art. 113. —, C'est également au préfet que sont soumises les demandes en transfert de patente et de taxe sur les billards (art. 5), lorsque l'admission est proposée et que les parties sont d'accord. Dans les autres cas, l'affaire est portée directement devant le conseil de préfecture (art. 157). (Loi du 15 juillet 1880, art. 28. — Décret du 27 décembre 1871, art. 2.)

II. — *Déclarations faites dans les mairies à fin de décharge ou de réduction.*

Art. 114. — Le directeur examine les états que les contrôleurs lui ont transmis (art. 93) et s'assure que les propositions de ces agents sont justifiées. (Loi du 21 juillet 1887, art. 2. — Circ. du 19 novembre 1887, n° 704.)

Il raye de ces états les articles qui ne lui paraissent pas devoir y être maintenus et adresse, dans ce cas, aux déclarants des lettres d'avis qu'il accompagne de bordereaux (mod. n°s 15 et 22). (Circ. du 19 novembre 1887, n° 704.)

Art. 115. — Lorsque l'acceptation d'un déclarant, provoquée par le contrôleur (art. 91), n'a pas été reçue en temps voulu, le directeur raye l'article de l'état et en avise l'intéressé (art. 114). (Circ. du 29 novembre 1888, n° 725.),

Art. 116. — Les états sont alors arrêtés et complétés par le directeur, qui les transmet d'urgence au conseil de préfecture pour décision. (Circ. du 19 novembre 1887, n° 704.)

Afin de pouvoir apprécier la recevabilité des réclamations que les déclarants viendraient à produire, le directeur surveille la rentrée des bordereaux transmis aux maires (art. 110). (Circ. du 19 novembre 1887, n° 704.)

III. — *Déclarations relatives aux plantations ou replantations de vignes.*

Art. 117. — Les déclarations reçues (art. 59) sont transmises par le préfet au directeur, qui en dresse par commune un état collectif (mod. n° 23), rédigé dans l'ordre des folios de la matrice cadastrale et présentant le détail de toutes les parcelles déclarées comme plantées ou replantées en vignes. (Décret du 2 mai 1888, art. 9. — Circ. du 3 mai 1888, n° 712.)

Les déclarations produites tardivement sont mises en réserve pour être portées sur l'état de l'année suivante; et des lettres d'avis (mod. n° 24) sont adressées aux déclarants, afin de leur permettre de réclamer, s'il y a lieu, dans la forme ordinaire. Ces lettres sont accompagnées de bordereaux (mod. n° 25) destinés aux maires. (Décret du 2 mai 1888, art. 6. — Circ. du 3 mai 1888, n° 712.)

Les états collectifs sont alors rapprochés des états de sections, qui ont dû être annotés des exemptions déjà acquises. Ils sont ensuite transmis aux contrôleurs, après inscription sur le registre de la direction (mod. n° 26). (Décret du 2 mai 1888, art. 9. — Circ. du 3 mai 1888, n° 712.)

Art. 118. — Dès que ces états lui ont fait retour (art. 95), le directeur en raye les parcelles à l'égard desquelles les déclarations n'ont pas été reconnues exactes ou qui ont donné lieu à un désaccord entre les répartiteurs et le contrôleur. Il complète ensuite les états et les transmet au préfet pour décision. (Décret du 2 mai 1888, art. 10. — Circ. du 3 mai 1888, n° 712.)

Art. 119. — Lorsque le préfet a statué, les déclarations sur lesquelles figuraient des parcelles rayées des états collectifs font l'objet de dossiers individuels (mod. n° 27), qui sont soumis à l'examen du comité technique. (Décret du 2 mai 1888, art. 11. — Circ. du 3 mai 1888, n° 712.).

Celles qui sont admises par le comité sont portées sur des états collectifs supplémentaires (mod. n° 28), qui sont transmis au préfet. (Circ. du 3 mai 1888, n° 712.)

Celles qui sont écartées donnent-lieu à l'envoi de lettres d'avis et de bordereaux (art. 117). (Circ. du 3 mai 1888, n° 712.)

Art. 120. — S'il se produit alors des réclamations, le directeur les analyse sur les dossiers individuels déjà ouverts (art. 119) et les inscrit dans la seconde partie de son registre (art. 69). (Décret du 2 mai 1888, art. 12. — Circ. du 3 mai 1888, n° 712.)

L'instruction en est faite ensuite dans la forme ordinaire.

Art. 121. — Enfin, des bulletins individuels (mod. n° 29) sont établis au nom des contribuables inscrits sur les états collectifs. Ces bulletins sont mis au courant chaque année et servent au calcul des dégrèvements pendant la période légale d'exemption. (Décret du 2 mai 1888, art. 13. — Circ. du 3 mai 1888, n° 712.)

IV. — *États de transfert de patente.*

Art. 122. — Les états dressés par les contrôleurs (art. 96) sont transmis au directeur, qui les inscrit sur ses registres de réclamations, vérifie le calcul des droits à transférer et envoie les états aux maires pour dépôt, en les accompagnant de lettres d'avis (mod. n° 30) destinées aux intéressés et de bordereaux de notification (art. 110). (Loi du 8 août 1890, art. 29. — Circ. du 31 décembre 1890, n° 770.)

Cette transmission s'effectue par l'intermédiaire des contrôleurs, qui inscrivent alors les états sur leurs registres de réclamations dans l'ordre des numéros donnés par le directeur. (Circ. du 31 décembre 1890, n° 770.)

A l'expiration du délai de dépôt, les états sont renvoyés par les maires au directeur, qui s'assure de la rentrée des bordereaux, arrête les états et les transmet au préfet pour décision. (Circ. du 31 décembre 1890, n° 770.)

S'il a été produit des observations, le directeur les communique, au besoin, au contrôleur pour avoir ses explications. Le dépôt est également renouvelé, s'il y a lieu. (Circ. du 31 décembre 1890, n° 770.)

V. — *Dégrèvements d'office.*

Art. 123. — Les états de dégrèvement d'office (mod. n° 4), dressés par les directeurs en vertu de l'article 3 de la loi du 16 juillet 1887, ne doivent comprendre que les cotes qui sont reconnues former double emploi, ou avoir été mal établies par suite d'erreurs matérielles d'écritures ou de taxation. (Loi du 21 juillet 1887, art. 3. — Circ. du 19 novembre 1887, n° 704.)

Si des réclamations ont été produites par les intéressés, lesdits états ne doivent être formés qu'après le rejet définitif de ces réclamations, dont les dossiers y sont alors annexés. Dans le cas contraire, ils reçoivent l'avis du maire ou des répartiteurs et celui du contrôleur. (Circ. du 19 novembre 1887, n° 704.)

Lorsque l'erreur commise s'étend à deux départements, celui des directeurs qui l'a relevée le premier se concerte avec son collègue pour en assurer la rectification. (Circ. du 19 novembre 1887, n° 704.)

Les états spéciaux de dégrèvement prévus à l'article 16, au profit des familles de 7 enfants, sont dressés par le directeur à l'aide des relevés établis par les contrôleurs (art. 69). Ils sont ensuite, comme les états ci-dessus visés, transmis au conseil de préfecture pour décision. (Loi du 8 août 1890, art. 31. — Circ. du 14 février 1891, n° 776.)

Le directeur assure également, à partir de la seconde année, l'allocation, d'office, des dégrèvements dus pour cause d'exemption temporaire (art. 34 et 121). (Circ. du 24 juin 1861, n° 399, et du 3 mai 1888, n° 712.)

CHAPITRE VII

EXPERTISE ET TIERCE EXPERTISE

Art. 124. — L'expertise peut être demandée, quel que soit l'objet du litige. (Circ. du 6 septembre 1845, n° 99.)

Cependant, si la réclamation demeurait entachée d'un vice de forme qui la rendît irrecevable, il pourrait être passé outre, à moins que l'expertise ne dût porter précisément sur ce vice de forme. (Arr. C. 14 mars 1884, Bouyala, Hérault, et 29 janvier 1886, Roullier, Seine.)

L'expertise peut être ordonnée par le conseil de préfecture. (Loi du 22 juillet 1889, art. 13.)

De son côté, le directeur propose, s'il y a lieu, au conseil de prescrire cette mesure d'instruction.

Art. 125. — Lorsque l'expertise est réclamée, le directeur examine à nouveau l'affaire, afin de voir si les conclusions déjà prises pourront être maintenues. Au besoin, il proscrit un supplément d'instruction (art. 97 et 98).

Art. 126. — Dès que le directeur lui a renvoyé un dossier en vue de procéder à l'expertise, le contrôleur s'assure que le réclamant a désigné son expert ou le met en demeure de le faire. En même temps, il demande au sous-préfet de nommer l'expert de l'Administration.

Le choix du sous-préfet doit porter, autant que possible, sur une personne domiciliée dans l'arrondissement et réunissant les conditions voulues de compétence et d'impartialité. Le contrôleur fournit au sous-préfet les renseignements propres à éclairer son choix.

Les experts ne sont pas tenus de prêter serment. (Arr. C. 3 juin 1865, n° 1686.)

Art. 127. — Le contrôleur fixe le jour et l'heure où il se rendra dans la commune. Il en prévient, au moins dix jours à l'avance, par lettres spéciales, les deux experts, le maire et le réclamant, et se fait accuser réception de ces convocations. (Loi du 2 messidor an VII, art. 23 et 36.)

Il notifie en même temps au réclamant les nom et qualité de l'expert de l'Administration, et l'informe également qu'il a la faculté d'assister à la vérification ou de s'y faire représenter par un fondé de pouvoirs.

Si la réclamation a été soumise aux répartiteurs (art. 71), le contrôleur invite le maire à leur faire désigner deux d'entre eux pour assister à l'expertise. Dans les autres affaires, le maire seul est convoqué. (Arrêté du 24 floréal an VIII, art. 5 et 10.)

Art. 128. — La récusation des experts doit être demandée au conseil de préfecture. Il est alors sursis à l'expertise jusqu'à ce que le conseil ait prononcé sur cette demande. (Loi du 22 juillet 1889, art. 17.)

Art. 129. — L'expertise a lieu au jour et à l'heure fixés. Le contrôleur en dresse procès-verbal (mod. n° 31). (Arrêté du 24 floréal an VIII, art. 6.)

Si le maire ou les répartiteurs, le réclamant ou son fondé de pouvoirs, ne se présentent pas, il en est fait mention sur le procès-verbal. Il est ensuite passé outre.

Mention est également faite de leur départ, s'ils se retirent au cours de l'opération.

Art. 130. — Le contrôleur donne lecture aux experts de la réclamation, des avis exprimés et des autres pièces du dossier. Il leur fait nettement connaître la nature de la contestation et leur cite, au besoin, les lois, règlements ou décisions applicables à l'espèce.

Il indique aussi aux experts quelle est ou quelle pourra être la quotité du dégrèvement demandé et les engage à limiter leurs investigations à l'objet précis du débat, en leur rappelant que le travail utile doit être seul rémunéré. (Circ. du 18 avril 1889, n° 736. — Arr. C. 21 novembre 1879, n° 3197.)

Art. 131. — Les experts doivent s'attacher essentiellement à la constatation des faits.

Ils ne rempliraient pas leur mission, s'ils se bornaient à émettre un avis non motivé.

Dans aucun cas, ils ne peuvent se dispenser de se rendre sur les lieux et d'examiner les locaux ou objets soumis à leur appréciation. (Arrêté du 24 floréal an VIII, art. 5. — Arr. C. 29 juin 1877, n° 2896.)

Les termes de comparaison cités de part et d'autre doivent aussi être examinés. Il en est de même pour ceux indiqués par le maire ou les répartiteurs.

Art. 132. — De son côté, le contrôleur doit provoquer toutes les recherches nécessaires pour rendre l'expertise complète et pour permettre d'apprécier sûrement le mérite de la réclamation.

Il a soin d'inscrire au procès-verbal la date et la durée de chaque séance, et d'y consigner exactement les résultats des constatations faites, les dires des experts, les observations du maire ou des répartiteurs et celles du réclamant ou de son mandataire, ainsi que les incidents qui viendraient à se produire.

Art. 133. — Si les experts demandent à fournir des rapports séparés, il leur est accordé, en principe, un délai de cinq jours pour le dépôt de ces rapports. (Loi du 2 messidor an VII, art. 113.)

Le procès-verbal est enfin soumis à la signature de toutes les parties présentes. Mention y est faite de celles qui ne veulent pas signer.

Art. 134. — Lorsque les rapports séparés des experts lui sont parvenus, le contrôleur joint ces rapports au dossier.

Il fournit ensuite son avis personnel, dans lequel il examine les résultats de la vérification et discute les avis exprimés de part et d'autre. Le dossier est enfin renvoyé au directeur, avec l'indication du temps consacré au travail en commun ainsi que des distances parcourues par les experts et, s'il y a lieu, avec les notes de frais par eux fournies.

Art. 135. — Dès qu'il a reçu les pièces de l'expertise, le directeur fait son rapport et transmet le dossier au conseil de préfecture.

Au besoin, il effectue un nouveau dépôt de ce dossier (art. 109), afin de permettre au réclamant de discuter les résultats de l'expertise. (Circ. du 18 avril 1889, n° 736.)

Art. 136. — Les procès-verbaux dressés par les contrôleurs (art. 129) sont affranchis des droits de timbre et d'enregistrement ; mais les rapports séparés fournis par les experts doivent être timbrés et enregistrés. Ces rapports sont toutefois enregistrés gratis, s'il s'agit de cotes n'excédant pas 100 fr. (art. 108). (Circ. du 12 février 1873, n° 524, et du 25 mars 1881, n° 605. — Loi du 16 juin 1824, art. 6.)

Le directeur doit veiller à l'accomplissement de ces formalités. Il fait au besoin l'avance des droits exigibles, qui lui sont remboursés lors de la liquidation des dépens. (Circ. du 12 février 1873, n° 524.)

Art. 137. — Dans le cas de désaccord entre les experts, le réclamant ou l'Administration a la faculté de requérir une tierce expertise. (Loi du 29 décembre 1884, art. 5. — Circ. du 28 septembre 1885, n° 673.)

Si le directeur pense qu'il y a lieu de prendre cette initiative, il en demande l'autorisation à la Direction générale et lui communique le dossier à cet effet. (Circ. du 28 septembre 1885, n° 673.)

Il n'appartient pas au conseil de préfecture d'ordonner une tierce expertise. (Arr. C. 19 mars 1886, n° 3483.)

Art. 138. — Le tiers expert est désigné par le juge de paix du canton, sur requête de la partie la plus diligente. Cette requête est affranchie du timbre et doit être enregistrée gratis. (Loi du 29 décembre 1884, art. 5. — Circ. du 28 septembre 1885, n° 673.)

Le juge de paix ne doit pas se borner à choisir comme tiers expert la personne qui lui est indiquée par la partie requérante. Il porte son choix sur un expert présentant les garanties nécessaires de savoir et d'indépendance. (Circ. du ministre de la justice, du 3 juillet 1890. — Circ. du 27 janvier 1891, n° 774.)

Il donne avis au conseil de préfecture de la nomination, dès qu'il l'a faite.

Le tiers expert n'est pas tenu de prêter serment (art. 126).

Art. 139. — Le dossier est communiqué au tiers expert, s'il y a lieu, par le conseil de préfecture. (Circ. du 28 septembre 1885, n° 673.)

Les agents des contributions directes doivent s'abstenir de prendre part à la tierce expertise, à moins que leur intervention ne soit demandée expressément. (Circ. du 28 septembre 1885, n° 673.)

Art. 140. — Le conseil de préfecture doit surseoir à statuer, dès que la tierce expertise a été réclamée à la suite d'un désaccord entre les experts. (Arr. C. 1er avril 1887, n° 3507.)

Mais il peut passer outre, si la partie, convoquée à l'audience, n'y justifie pas qu'elle ait déjà saisi le juge de paix de sa requête. (Arr. C. 15 mars 1889, n° 3542.)

Art. 141. — Le tiers expert doit déposer son rapport dans la quinzaine de sa nomination ; faute de quoi, le conseil de préfecture peut refuser de le comprendre dans la liquidation des dépens. (Loi du 29 décembre 1884, art. 5.)

Son rapport doit être timbré et enregistré ; mais l'enregistrement est gratuit, s'il s'agit d'une cote n'excédant pas 100 fr. (art. 136). (Circ. du 28 septembre 1885, n° 673. — Loi du 16 juin 1824, art. 6.)

Art. 142. — Le directeur veille à ce que les droits exigibles soient perçus (art. 136).

Il donne son avis sur le rapport du tiers expert, si cet avis lui est demandé par le conseil de préfecture. (Circ. du 28 septembre 1885, n° 673.)

CHAPITRE VIII

ATTRIBUTION ET RÈGLEMENT DES FRAIS D'EXPERTISE ET DE TIERCE EXPERTISE

Art. 143. — Les frais d'expertise sont supportés par la partie qui succombe, suivant l'appréciation du juge, dans les termes des articles 130 et 131 du Code de procédure civile [1]. (Lois du 29 décembre 1884, art. 5, et du 22 juillet 1889, art. 62. — Circ. du 28 septembre 1885, n° 673.)

A moins de circonstances particulières, le réclamant doit être considéré comme succombant dans ses prétentions, s'il n'obtient pas un dégrèvement plus élevé que celui qui lui avait été offert avant l'expertise. (Arr. C. 2 décembre 1887, n° 3505.)

C'est le conseil de préfecture qui attribue les dépens ou les compense entre les parties. (Loi du 22 juillet 1889, art. 62.)

---

[1] « Art. 130. — Toute partie qui succombera sera condamnée aux dépens.

« Art. 131. — Pourront néanmoins les dépens être compensés en tout ou en partie entre conjoints, ascendants, descendants, frères et sœurs ou alliés au même degré ; les juges pourront aussi compenser les dépens en tout ou en partie, si les parties succombent respectivement sur quelques chefs. »

Art. 144. — La liquidation et la taxe des dépens sont faites par le président du conseil de préfecture, conformément au tarif ci-après (art. 146 à 148). Mais les experts ou les parties peuvent, dans les trois jours de la notification, attaquer ce règlement devant le conseil de préfecture. (Loi du 22 juillet 1889, art. 23 et 63. — Circ. du 1er février 1890, n° 751.)

La liquidation des dépens peut aussi être faite par l'arrêté qui statue sur le litige et qui attribue les dépens ou les compense entre les parties. (Loi du 22 juillet 1889, art. 65.)

Enfin, si l'état des dépens n'a pu être soumis au conseil de préfecture, la liquidation en est faite par le président. Les parties peuvent former opposition à cette décision devant le conseil dans les huit jours de la notification. (Loi du 22 juillet 1889, art. 66.)

Art. 145. — Les dépens ne peuvent comprendre que les frais de timbre et d'enregistrement avancés par les experts, ainsi que leurs menues dépenses de port de lettres et autres, et les frais d'expertise et de tierce expertise. (Loi du 22 juillet 1889, art. 64. — D. du 18 janvier 1890, art. 7.)

Art. 146. — Il est alloué à chaque expert, par vacation de trois heures : s'il est domicilié dans le département de la Seine, ou dans une ville de plus de 100,000 habitants, 8 fr. ; s'il est domicilié dans une ville de plus de 30,000 habitants, 7 fr. ; ailleurs, 6 fr. (Décret du 18 janvier 1890, art. 2.)

Il ne peut être taxé aux experts plus de trois vacations par jour à la résidence et de quatre hors de la résidence. Ils ont droit en outre à une vacation pour dépôt de leur rapport. (Id.)

Art. 147. — Il est alloué aux experts pour frais de transport (Décret du 18 janvier 1890, art. 5) :

1° En chemin de fer, 20 centimes par kilomètre ;

2° Sur les routes ordinaires, 40 centimes par kilomètre.

La première taxe est applicable de droit quand le parcours est desservi par une voie ferrée.

Le parcours effectué en dehors des limites du département n'entre pas en compte.

Art. 148. — Les frais avancés par les experts (art. 145) leur sont remboursés sur état. (Décret du 18 janvier 1890, art. 7.)

Les experts ne peuvent rien réclamer pour s'être fait aider par des copistes, dessinateurs, toiseurs, porte-chaînes, etc. (Décret du 18 janvier 1890, art. 8. — Arr. C. 2 novembre 1877, n° 2997.)

Art. 149. — En procédant à la taxe, le président du conseil de préfecture réduit les frais, s'ils lui paraissent excessifs. (Décret du 18 janvier 1890, art. 9.)

Il n'admet en taxe ni les opérations, visites ou plans inutiles, ni les longueurs dans les rapports. (Décret du 18 janvier 1890, art. 9. — Arr. C. 29 juin 1877, n° 2896.)

Art. 150. — Les dispositions qui précèdent (art. 143 et 149) sont applicables à la tierce expertise. (Décret du 18 janvier 1890, art. 10.)

Art. 151. — L'avance des frais d'expertise et de tierce expertise est faite par le percepteur sur les fonds de la commune. (Arrêté du 24 floréal an VIII, art. 21.)

Art. 152. — Les frais mis à la charge des réclamants sont recouvrés sur eux par le percepteur, auquel les arrêtés de règlement sont notifiés par la préfecture. A défaut de paiement dans le délai d'un mois, ils donnent lieu aux mêmes poursuites que les cotes auxquelles ils se rapportent. (Loi du 2 messidor an VII, art. 225. — Arrêté du 24 floréal an VIII, art. 20. — Arr. C. 17 juillet 1885, Carraud, Vendée.)

Ceux à la charge de l'Administration sont compris dans le rôle de l'année suivante, s'il s'agit d'un impôt de répartition, ou prélevés sur le produit du rôle, s'il s'agit d'une taxe communale, ou encore imputés sur les fonds de non-valeurs et, pour les taxes non pourvues de ces fonds, sur les crédits spéciaux ouverts à cet effet. (Circ. du 2 octobre 1855, n° 342 ; du 18 juillet 1857, n° 365, et du 12 août 1862, n° 415.)

CHAPITRE IX

JUGEMENT DES RÉCLAMATIONS

Art. 153. — Lorsqu'une demande en décharge ou en réduction n'a pas été jugée dans les trois mois de sa présentation, le réclamant peut, jusqu'à la décision, surseoir au paiement des termes de sa cote échus après ces trois mois. (Loi du 21 avril 1832, art. 28.)

On entend toutefois par cote, non le montant de l'article au rôle, mais seulement la part d'impôt spéciale à l'objet de la contestation (art. 18). (Circ. du 18 avril 1889, n° 736. — Arr. C. 18 janvier 1890, n° 3536.)

Art. 154. — En cas de refus de paiement fondé sur l'article précédent, le percepteur provoque, s'il y a lieu, la ventilation, par le directeur, de la somme restant exigible et de celle dont le versement peut être ajourné. (Circ. du 18 avril 1889, n° 736.)

Le directeur effectue cette ventilation d'après l'état du litige. Il en réfère, au besoin, à l'Administration.

Art. 155. — Les demandes susceptibles d'entraîner des réimpositions doivent être jugées assez tôt pour que ces réimpositions puissent être comprises dans les rôles de l'année suivante. (Circ. du 27 septembre 1854, n° 329.)

Art. 156. — Le conseil de préfecture statue sur les demandes individuelles à fin de décharge ou de réduction, de mutation ou division de cote, d'exemption temporaire pour semis ou plantations de bois, d'inscription au rôle, d'annulation de poursuites ou de remboursement et de décharge de garantie, ainsi que sur les recours contre la liquidation des frais d'expertise et de tierce expertise. (Loi du 21 avril 1832, art. 29. — Loi du 22 juillet 1889, art. 23 et 66.)

Toutefois, en matière de poursuites, il cesse d'être compétent à partir du commandement. La connaissance de l'affaire appartient alors à l'autorité judiciaire. (Arr. C. 14 mai 1886, Pontet, Hérault.)

Art. 157. — C'est aussi le conseil de préfecture qui prononce sur les demandes en transfert de patente et de taxe sur les billards, lorsqu'elles ne peuvent être l'objet d'un simple arrêté du préfet (art. 113 et 160), ou lorsqu'un dégrèvement doit être accordé au cessionnaire sur sa patente personnelle, comme conséquence du transfert de la patente du cédant. (Loi du 15 juillet 1880, art. 28. — Décret du 27 décembre 1871, art. 2.)

Art. 158. — Il statue également sur les états de déclarations reçues dans les mairies, sur les états de dégrèvement dressés d'office par le directeur, sur les états de cotes indûment imposées des percepteurs et sur celles des cotes irrecouvrables qui doivent être réimposées. (Loi du 21 juillet 1887, art. 2 et 3. — Loi du 3 juillet 1846, art. 6. — Loi du 22 juin 1854, art. 16. — Circ. du 14 février 1891, n° 776.)

Art. 159. — Les demandes individuelles en remise ou en modération et les demandes collectives pour pertes sont jugées par le préfet Il en est de même pour les états de cotes irrecouvrables, sauf en ce qui concerne les cotes susceptibles d'être réimposées (art. 158). (Arrêté du 24 floréal an VIII, art. 28. — Circ. du 17 mai 1836.)

- Les états de cotes irrecouvrables doivent être jugés avant le 1er octobre. (Instr. Compt. 1859, art. 130.)

Art. 160. — C'est également le préfet qui statue dans le cas de cession d'établissement (art. 113 et 157), et qui prononce sur les états de transfert dressés par les contrôleurs, ainsi que sur les états collectifs de dégrèvement pour plantation ou replantation de vignes. (Loi du 15 juillet 1880, art. 28. — Loi du 8 août 1890, art. 29. — Circ. du 31 décembre 1890, n° 770. — Décret du 2 mai 1888, art. 10. — Circ. du 3 mai 1888, n° 712.)

Art. 161. — Lorsqu'une réclamation contient à la fois une demande en décharge ou en réduction et une demande en remise ou en modération, elle est soumise successivement au conseil de préfecture et au préfet.

Art. 162. — Sauf dans le cas de mutation de cote ou de transfert (art. 156 et 157), le conseil de préfecture ne statue que sur le fait du dégrèvement. C'est à l'autorité administrative qu'appartient l'imputation de ce dégrèvement. (Circ. minist. du 17 mai 1836.)

Art. 163. — Le conseil de préfecture n'est lié par aucun des avis donnés dans l'instruction. Il prend la décision que le litige lui paraît comporter. (Loi du 22 juillet 1889, art. 22.)

Cette décision doit être motivée. Mais elle l'est suffisamment quand le conseil déclare adopter l'avis du directeur. (Arr. C. 31 janvier 1861, n° 1077.)

Art. 164. — Si l'affaire ne lui semble pas en état d'être jugée, il peut demander au directeur de nouveaux renseignements, ou bien prescrire une contre-vérification, en indiquant les points à éclaircir. (Loi du 26 mars 1831, art. 29.)

Cette contre-vérification doit être faite par l'inspecteur ou par un agent autre que celui qui a procédé à la première instruction. Elle a lieu en présence du réclamant ou de son fondé de pouvoirs et du maire ou des répartiteurs, suivant le cas. Il en est dressé procès-verbal et l'affaire est renvoyée au conseil de préfecture avec un nouveau rapport du directeur.

Aucune contre-vérification ne peut être faite en dehors de l'action des agents des contributions directes. (Circ. du 18 septembre 1846, n° 132.)

Mais le conseil peut décider qu'il se transportera tout entier ou que l'un ou plusieurs de ses membres se transporteront sur les lieux. (Loi du 22 juillet 1889, art. 25.)

Art. 165. — Le conseil de préfecture ne peut relever un réclamant de la déchéance. Il décide seulement si elle est, ou non, encourue. (Circ. du 27 mai 1853, n° 294.)

Il ne peut statuer au delà des prétentions du réclamant et ne peut prononcer deux fois sur la même cote, à moins qu'il n'ait eu d'abord à juger qu'une question de recevabilité. (Arr. C. 5 janvier 1858, n° 572.)

Il ne peut revenir non plus sur sa décision, à moins qu'elle n'ait été rendue par défaut à l'égard d'une ou de plusieurs des parties. (Arr. C 13 avril 1883, n° 3282.)

Lorsque les états de déclarations faites dans les mairies lui sont soumis (art. 116), il s'abstient de statuer sur les cotes ou portions de cotes qui lui paraissent devoir être maintenues dans les rôles. (Loi du 21 juillet 1887, art. 2.)

Art. 166. — Les parties qui ont demandé à présenter des observations orales (art. 103) doivent être convoquées au moins quatre jours avant la séance. En cas de constitution d'un mandataire ou d'un défenseur, c'est à ce dernier que la convocation doit être adressée. (Loi du 22 juillet 1889, art. 44.)

Le conseil de préfecture peut appeler devant lui les agents de l'Administration. Mais cette disposition n'est applicable qu'aux agents en résidence au chef-lieu du département. (Loi du 22 juillet 1889, art. 45. — Circ. du 1er février 1890, n° 751.)

Art. 167. — Dans le cas de réclamation contre la taxe militaire, formée isolément par l'assujetti ou par l'ascendant responsable, le conseil ordonne, s'il y a lieu, la mise en cause soit de cet ascendant, soit de l'assujetti. Sa décision est commune aux deux parties. (Décret du 30 décembre 1890, art. 39. — Circ. du 14 mars 1891, n° 781.)

Art. 168. — Si les parties présentent des conclusions nouvelles ou des moyens nouveaux, le conseil ne peut les adopter qu'après un supplément d'instruction. (Loi du 22 juillet 1889, art. 45. — Circ. du 1er février 1890, n° 751.)

Art. 169. — Le commissaire du Gouvernement donne ses conclusions sur toutes les affaires. (Loi du 22 juillet 1889, art. 46.)

Art. 170. — Les arrêtés des conseils de préfecture doivent être rendus par trois conseillers au moins, président compris. (Loi du 22 juillet 1889, art. 47.)

Art. 171. — Ces arrêtés mentionnent qu'il a été statué en séance publique. (Loi du 22 juillet 1889, art. 48.)

Ils visent les noms et conclusions des parties, les pièces du dossier et les dispositions légales dont ils font application.

Mention y est faite que les parties, ou leurs mandataires ou défenseurs, et le commissaire du Gouvernement ont été entendus.

Ils sont motivés (art. 163).

Les noms des membres qui ont concouru à la décision y sont mentionnés.

Le montant des dégrèvements accordés y est inscrit en toutes lettres (art. 83 et 101). Il en est de même pour les arrêtés préfectoraux. (Circ. du 24 février 1890, n° 754.)

CHAPITRE X

EXÉCUTION ET NOTIFICATION DES DÉCISIONS

Art. 172. — Aussitôt que le conseil de préfecture ou le préfet a statué, les dossiers, accompagnés des décisions rendues, sont renvoyés au directeur, qui établit les ordonnances de dégrèvement au vu de ces décisions, et les soumet à la signature du préfet. (Circ. minist. du 15 septembre 1828. — Circ. du 24 février 1890, n° 754.)

S'il a été émis des rôles spéciaux, le directeur en tient compte dans le calcul des dégrèvements. (Circ. du 21 février 1891, n° 777.)

Art. 173. — Les décharges et réductions prononcées sur la contribution foncière (propriétés non bâties), sur la contribution personnelle-mobilière et sur celle des portes et fenêtres sont réimposées dans les rôles de l'année suivante. Toutefois, s'il s'agit de pertes de matière imposable ou de dégrèvements accordés pour la première année de l'imposition, c'est sur les fonds de non-valeurs que s'imputent les dégrèvements alloués sur la première de ces contributions et sur la troisième. (Arrêté du 24 floréal an VIII, art. 4 et 9. — Circ. du 23 juin 1852, n° 276, du 24 janvier 1856, n° 323, et du 12 août 1862, n° 415.)

Sont imputées, selon les cas, sur les fonds de non-valeurs, ou sur les crédits spéciaux ouverts à cet effet, les décharges et réductions prononcées sur la contribution foncière (propriétés bâties), sur celle des patentes et sur les taxes assimilées. (Circ. du 2 octobre 1855, n° 342, du 18 juillet 1857, n° 365, du 29 février 1884. n° 653, du 21 août 1890, n° 762, du 14 mars 1891, n° 781, etc.)

C'est également sur les fonds de non-valeurs que s'imputent les dégrèvements accordés aux familles de sept enfants (art. 123), et ceux alloués par suite d'exemption temporaire, les remises et modérations de toute nature et les frais de poursuites reconnus irrecouvrables. Mais les frais d'instance judiciaire (art. 14) sont imputés sur un crédit spécial. (Loi du 8 août 1890, art. 13. — Circ. du 14 février 1891, n° 776. — Circ. du 24 juin 1861, n° 399, et du 3 mai 1888, n° 712. — Arrêté du 24 floréal an VIII, art. 28. — Instr. Compt. 1859, art. 144. — Règl. Compt. fin. 1866.)

Art. 174. — Le directeur rédige des lettres d'avis (mod. n°s 32 à 37) pour notifier aux intéressés les décisions rendues sur leurs réclamations ou déclarations et, s'il y a lieu, l'envoi des ordonnances aux percepteurs. (Circ. minist. du 16 septembre 1825 et du 22 avril 1829. — Circ. du 19 novembre 1887, n° 704 ; du 3 mai 1888, n° 712, et du 1er février 1890, n° 751.)

Art. 175. — Lorsque ses conclusions n'ont pas été adoptées par le conseil de préfecture, la décision n'en est pas moins exécutée, les pourvois n'étant pas suspensifs (art. 197). Mais mention est faite sur la lettre d'avis du droit de recours de l'Administration. (Décret du 22 juillet 1806, art. 3.)

Si c'est le préfet qui a pris une décision contraire à ses propositions, le directeur surseoit à l'exécution de l'arrêté jusqu'après décision du ministre ou de l'administration (art. 208). (Circ. du 5 juin et du 16 décembre 1841.)

Art. 176. — Dans le cas de mutation de cote (art. 156) ou de transfert de patente (art. 157 et 160), des lettres d'avis de décision sont transmises à tous les intéressés. Des notifications spéciales (mod. n° 38) sont adressées aux percepteurs. (Circ. du 31 décembre 1890, n° 770.)

Art. 177. — Lorsque le conseil de préfecture s'est abstenu de statuer sur une déclaration (art. 165), le directeur en informe le déclarant par une lettre d'avis qu'il accompagne d'un bordereau destiné au maire (art. 114).

Art. 178. — Des lettres d'avis (mod. n°s 39 et 40) sont envoyées aux contribuables qui, sans avoir réclamé eux-mêmes, ont obtenu des dégrèvements sur la demande du maire ou du percepteur. Il en est adressé au maire un bordereau (mod. n° 41). (Circ. du 18 septembre 1845, n° 102, et du 5 février 1883, n° 639.)

Art. 179. — Enfin des avis spéciaux (mod. n° 42) font connaître aux percepteurs les cotes rejetées de leurs états, soit par le conseil de préfecture, soit par le préfet. (Circ. du 18 avril 1889, n° 736.)

Art. 180. — Dès l'instant qu'une demande n'a pas été admise en entier, la notification adressée au réclamant doit énoncer explicitement les motifs de la décision. On ne doit se borner, dans aucun cas, à se référer à la lettre d'avis de dépôt (art. 103). (Circ. minist. du 16 septembre 1825. — Circ. du 16 décembre 1841.)

Art. 181. — Le directeur annexe aux lettres d'avis (art. 174) les avertissements, quittances et autres pièces qui avaient été produites par les réclamants et envoie ces lettres au contrôleur, qui les transmet sans retard au maire après annotation de ses registres de réclamations, ou les renvoie au directeur pour transmission aux parties, si elles n'habitent pas sa division. (Circ. du 5 février 1883, n° 639.)

Pour les demandes en décharge ou en réduction qui ont été rejetées, totalement ou en partie, les lettres d'avis sont accompagnées d'un bordereau par commune, destiné au maire (art. 110). (Circ. du 5 février 1883, n° 639.)

Art. 182. — Les notifications visées à l'article 178 sont envoyées directement aux maires. Il en est de même pour les lettres d'avis de dégrèvement pour plantation ou replantation de vignes (mod. n° 37). (Circ. du 5 février 1883, n° 639, et du 3 mai 1888, n° 712.)

Ces dernières notifications sont renouvelées chaque année pendant la période légale d'exemption. Il en est ainsi également dans les autres cas d'exemption temporaire (art. 34 et 123). (Circ. du 24 juin 1861, n° 399, et du 3 mai 1888, n° 712.)

Art. 183. — Le directeur inscrit sur le carnet visé à l'article 110 les bordereaux transmis aux maires en vertu de l'article 181 et surveille la rentrée de ces bordereaux. (Circ. du 5 février 1883, n° 639.)

Il communique au contrôleur, qui les lui renvoie après annotation de son registre, les états de déclarations jugés par le conseil de préfecture. (Circ. du 19 novembre 1887, n° 704.)

Il notifie aussi au contrôleur les décisions rendues sur les demandes collectives pour pertes et lui transmet également une des expéditions des états des percepteurs, après y avoir porté les décisions. Le contrôleur annote ces décisions sur son registre et conserve cette expédition. (Circ. minist. du 27 décembre 1826.)

Art. 184. — Au fur et à mesure de la rédaction d'une ordonnance de dégrèvement, le directeur inscrit soigneusement sur la matrice générale la lettre O (ordonnance) et la lettre initiale de la contribution sur laquelle porte le dégrèvement. (Circ. du 20 avril 1844, n° 34.)

Après leur signature par le préfet (art. 172), les ordonnances sont de nouveau collationnées avec les décisions par le premier commis, qui annote et vise personnellement ce travail en marge desdites décisions. Elles sont ensuite transmises au trésorier-payeur général. (Circ. du 24 février 1890, n° 754.)

Les exemptions temporaires acquises, pour plantation ou replantation de vignes, sont annotées sur les états de sections (art. 117). Dans les autres cas, elles sont mentionnées sur les matrices cadastrales, avec indication de l'année où elles doivent prendre fin. (Circ. du 3 mai 1888, n° 712. — Loi du 3 frimaire an VII, art. 123.)

CHAPITRE XI

POURVOIS DEVANT LE CONSEIL D'ÉTAT

Art. 185. — Les arrêtés des conseils de préfecture ne peuvent être attaqués par voie d'opposition devant ces conseils que s'ils ont été rendus par défaut. Tel serait le cas, si, en matière de mutation de cote ou de transfert de patente, le nouveau propriétaire ou le cessionnaire n'avait pas été mis en cause dans l'instruction. (Loi du 22 juillet 1889, art. 52. — Arr. C. 13 avril 1883, n° 3284.)

Le délai d'opposition est d'un mois à dater de la notification. (Loi du 22 juillet 1889, art. 52.)

Art. 186. — Les arrêtés intervenus sur les réclamations des parties ne sont pas considérés comme rendus par défaut à leur égard, mais comme contradictoires, alors même que ces parties ou leurs mandataires n'auraient pas été convoqués à l'audience malgré leur demande. (Arr. C. 23 avril 1875, n° 2748, et 18 mai 1877, n° 2887.)

Art. 187. — Les arrêtés des conseils de préfecture peuvent être attaqués devant le Conseil d'État dans le délai de deux mois à dater de la notification, lorsqu'ils sont contradictoires, et de l'expiration du délai d'opposition, lorsqu'ils ont été rendus par défaut. (Loi du 22 juillet 1889, art. 57.)

Ce délai de deux mois est augmenté, conformément à la loi du 3 mai 1862, lorsque le requérant est domicilié hors de la France continentale. (Loi du 22 juillet 1889, art. 58. — Circ. du 1er février 1890, n° 751.)

Art. 188. — Il court, pour la commune, du jour de la remise au maire de la lettre d'avis de décision destinée au réclamant, et pour le ministre, du jour de la réception du dossier au ministère (art. 207). (Arr. C. 23 novembre 1877, n° 2999, et 9 novembre 1877, n° 3024.)

Art. 189. — Le jour de la remise de la lettre d'avis ou de la notification et celui de l'échéance ne sont pas comptés dans le délai d'appel (art. 48).

Art. 190. — Un recours incident peut être formé à toute époque par la partie contre laquelle le recours principal est dirigé. (Arr. C. 17 décembre 1875, n° 2818.)

Art. 191. — Un arrêté préparatoire ne peut être attaqué que conjointement avec l'arrêté définitif. Un arrêté interlocutoire peut être attaqué aussitôt après sa notification. (Code proc. civ., art. 451. — Loi du 22 juillet 1889, art. 60.)

Art. 192. — Sont réputées préparatoires les décisions rendues pour l'instruction de la cause et qui tendent à mettre l'affaire en état de recevoir jugement définitif. Sont réputées interlocutoires les décisions ordonnant, avant dire droit, une preuve, une vérification ou une instruction qui préjuge le fond. (Code proc. civ., art. 452. — Loi du 22 juillet 1889, art. 60.)

Art. 193. — Les pourvois peuvent être déposés, sans frais et sans l'intervention d'un avocat au Conseil d'État, soit au secrétariat du contentieux de ce conseil, soit à la préfecture, soit à la sous-préfecture. (Loi du 22 juillet 1889, art. 61. — Circ. du 1er février 1890, n° 751.)

Il en est délivré récépissé aux parties qui le demandent. (Loi du 22 juillet 1889, art. 61.)

Art. 194. — Les pourvois doivent être rédigés sur papier timbré, à moins qu'ils n'aient pour objet des cotes inférieures à 30 fr. (art. 18). (Loi du 22 juillet 1889, art. 61. — Circ. du 1er février 1890, n° 751.)

Ils peuvent toutefois, pour la taxe des prestations, être produits sur papier libre, quel que soit le chiffre de la cote (art. 19).

Tout pourvoi doit contenir l'exposé sommaire des faits et des moyens et des conclusions de la partie. (Décret du 22 juillet 1806, art. 1er. — Arr. C. 20 juillet 1877, n° 2900.)

Il doit être accompagné, soit d'une expédition sur timbre de l'arrêté attaqué, soit de la lettre de notification adressée au requérant. (Arr. C. 1er février 1890, n° 3539.)

Art. 195. — En dehors des avocats au Conseil d'État, nul n'a qualité pour se pourvoir au nom d'une autre personne, s'il ne justifie d'un mandat exprès et régulier l'y autorisant. Ce mandat doit être timbré et enregistré (art. 26). (Arr. C. 27 décembre 1890, Hupier pour Bioche et autres, Sarthe.)

Les maires peuvent se pourvoir dans l'intérêt des communes, s'il s'agit d'impôts de répartition ou de taxes perçues au profit de ces communes. Ils doivent justifier de l'autorisation en forme du conseil municipal. (Arr. C. 12 août 1861, n° 1151. — Instr. sur les chem. vicinaux 1870, art. 95.)

Les pourvois des maires ne sont pas recevables en matière d'impôts de quotité. (Arr. C. 16 juin 1876, n° 2821.)

Aucun pourvoi ne peut être formé par les répartiteurs. (Arr. C. 12 août 1861, n° 1151.)

Art. 196. — C'est au ministre des finances qu'il appartient de se pourvoir au nom de l'État, en ce qui touche les impôts ou taxes perçues au profit du Trésor. (Arr. C. 8 juin 1877, n° 2902.)

Le ministre de l'intérieur peut, comme les maires (art. 195), se pourvoir en ce qui concerne les taxes communales.

Les percepteurs sont admis à faire appel des arrêtés rendus sur leurs états de cotes indûment imposées. (Arr. C. 24 mai 1890, Le Gentil, Pas-de-Calais.)

Art. 197. — Les pourvois devant le Conseil d'État n'ont pas d'effet suspensif. (Décret du 22 juillet 1806, art. 3. — Arr. C. 29 mai 1874, n° 2496.)

Art. 198. — Les requêtes déposées au secrétariat du contentieux (art. 193) sont communiquées par l'Administration au directeur, pour constitution des dossiers. Elles sont ensuite renvoyées directement à l'Administration. (Circ. du 1er février 1890, n° 751.)

Celles qui sont déposées à la préfecture ou à la sous-préfecture y sont enregistrées et timbrées à leur date d'arrivée. Elles sont communiquées au directeur qui, après instruction, les renvoie au préfet, chargé de les faire parvenir au Conseil d'État. (Circ. du 3 mars 1851, n° 318, et du 31 mars 1886, n° 679.)

Art. 199. — Le directeur examine les requêtes dès qu'il les a reçues et y joint les pièces de la première instruction, y compris les bordereaux constatant la remise des lettres d'avis de dépôt (art. 110). Il rédige au be soin des duplicata des avertissements. (Circ. du 3 mars 1851, n° 318, et du 18 avril 1889, n° 736.)

Si la première instruction lui paraît devoir être complétée ou si la partie se prévaut de faits ou de moyens non encore invoqués, il prescrit une vérification supplémentaire, après laquelle il effectue, au besoin, un nouveau dépôt du dossier (art. 103 et 111). (Circ. du 29 avril 1870, n° 488, du 31 mars 1886, n° 679, du 7 mai 1887, n° 690, et du 26 décembre 1889, n° 749.)

Dans ce cas, il a soin d'annexer ensuite au dossier les pièces justificatives du nouveau dépôt (bordereau de remise de la lettre d'avis et attestation du sous-préfet), ainsi que les observations produites par le requérant et, s'il y a lieu, la réponse du contrôleur ou de l'inspecteur à ces observations.

Art. 200. — Lorsqu'il s'agit d'un changement de résidence, il recueille, s'il y a lieu, les indications propres à compléter l'instruction (art. 100). (Circ. du 31 mars 1886, n° 679.)

Si la réclamation a été rejetée pour défaut ou insuffisance de production de la quittance des termes échus, il s'assure que ce vice de forme ne se trouvait pas couvert au jour de la décision. (Circ. du 31 mars 1886, n° 679.)

Lorsqu'enfin la requête lui paraît tardivement produite, il joint au dossier le bordereau constatant la remise de la lettre d'avis de décision (art. 181). (Circ. du 3 mars 1854, n° 318.)

Art. 201. — Le directeur fournit sur chaque requête un rapport d'ensemble complet et détaillé, qui doit contenir, avec renvoi aux pièces annexées, l'exposé des faits de la cause et des résultats de l'instruction, la discussion des moyens invoqués et la citation des lois, règlements ou décisions applicables à l'espèce (art. 77 et 101). Ses conclusions doivent être motivées. (Circ du 31 mars 1886, n° 679, du 7 mai 1887, n° 690, et du 26 décembre 1889, n° 749.)

Art. 202. — Ce rapport doit être indépendant de la lettre de renvoi à l'Administration ou au préfet (art. 198). (Circ. du 31 mars 1886, n° 679, du 7 mai 1887, n° 690, et du 26 décembre 1889, n° 749.)

Le directeur y joint le dossier, comprenant d'abord la requête et les pièces produites à l'appui et ensuite les autres pièces (art. 199), classées dans l'ordre chronologique. (Circ. du 26 décembre 1889, n° 749.)

Toutes ces pièces sont numérotées et il en est dressé un bordereau. (Circ. du 26 décembre 1889, n° 749.)

Art. 203. — Les arrêts rendus par le Conseil d'État sont notifiés par l'Administration au préfet, chargé d'en assurer l'exécution, et au directeur. (Circ. du 7 mars 1887, n° 690.)

Le dossier est renvoyé au préfet avec une ampliation de l'arrêt, qui est communiquée au directeur pour qu'il en prenne copie.

Art. 204. — Lorsque le Conseil d'État a annulé une décision portant décharge ou réduction, le préfet prend un arrêté de reversement, qui est transmis au percepteur pour lui servir de titre de recette. (Circ. du 12 décembre 1850, n° 240.)

Art. 205. — Un arrêt du Conseil d'État rendu par défaut peut être attaqué par voie d'opposition. (Arr. C. 8 avril 1881, n° 3289.)

Un arrêt contradictoire de ce conseil ne peut être l'objet d'un recours que s'il a été rendu sur pièces fausses, ou si la partie a été condamnée faute de représenter une pièce décisive retenue par son adversaire, ou si les formalités prescrites par la loi n'ont pas été remplies. (Arr. C. 23 novembre 1883, n° 3416.)

Art. 206. — Les arrêts rendus en matière de taxe militaire sont communs aux deux parties portées sur le rôle (art. 167). (Décret du 30 décembre 1890, art. 39. — Circ. du 14 mars 1891, n° 781.)

CHAPITRE XII

DÉCISIONS DÉFÉRÉES A L'ADMINISTRATION

Art. 207. — Toute décision du conseil de préfecture ou du préfet rendue contrairement à l'avis du directeur doit être aussitôt déférée à l'Administration, à moins qu'il ne s'agisse de taxes perçues au profit des communes (art. 196). (Circ. du 5 juin 1841. — Circ. du 24 octobre 1844, n° 57.)

Le directeur y joint le dossier dûment complété (art. 199) et fournit dans son rapport toutes les indications nécessaires pour permettre à l'Administration d'apprécier de quelle suite l'affaire est susceptible. (Circ. du 15 avril 1889, n° 736.)

Au besoin, il fait procéder avant cet envoi à un supplément d'instruction. Mais il ne doit pas prendre l'initiative d'un nouveau dépôt du dossier. (Circ. du 29 avril 1870, n° 488.)

Art. 208. — Les arrêtés des conseils de préfecture sont exécutés avant l'envoi des dossiers à l'Administration. Mais il est sursis à l'exécution des arrêtés préfectoraux (art. 175). (Circ. du 16 décembre 1841.)

Art. 209. — Le ministre peut faire appel devant le Conseil d'État d'une décision rendue conformément à l'avis du directeur. (Arr. C. 16 avril 1880, n° 3199.)

CHAPITRE XIII

POURVOIS DEVANT LE MINISTRE. — RELEVÉS DE DÉCHÉANCE

Art. 210. — Les arrêtés préfectoraux portant rejet, total ou partiel, de demandes en remise ou en modération peuvent faire l'objet de pourvois devant le ministre.

Les percepteurs peuvent aussi se pourvoir devant le ministre contre les arrêtés préfectoraux ayant rejeté des cotes par eux présentées comme irrecouvrables. (Circ. du 18 avril 1889, n° 736.)

Aucun délai n'est fixé pour la présentation de ces pourvois.

Art. 211. — Les pourvois des percepteurs sont appuyés, s'il y a lieu, des mêmes justifications que leurs états primitifs (art. 29). Ils sont remis par le trésorier-payeur général au directeur, qui les fait instruire et les renvoie au préfet avec son rapport. (Circ. du 18 avril 1889, n° 736.)

Le préfet a la faculté de revenir sur sa première décision, lorsque le pourvoi d'un percepteur lui parait fondé. Dans le cas contraire, il envoie le dossier avec son avis à l'Administration, qui soumet l'affaire au ministre. (Circ. du 18 avril 1889, n° 736.)

Une marche analogue est suivie pour l'instruction et le jugement des pourvois présentés par des particuliers. (Circ. du 18 avril 1889, n° 736.)

Art. 212. — Lorsque les percepteurs sollicitent du ministre l'autorisation de présenter des états de cotes irrecouvrables en dehors des délais fixés (art. 55), ces demandes en relevé de déchéance sont présentées et instruites comme les pourvois (art. 211). Mais le préfet se borne à en transmettre le dossier à l'Administration avec son avis : il n'appartient qu'au ministre d'y statuer. (Circ. du 18 avril 1889, n° 736.)

Art. 213. — L'instruction de ces demandes (art. 212) doit porter essentiellement sur le point de savoir si la non-inscription des cotes en faisant l'objet sur les états primitifs est ou n'est pas justifiée par les circonstances spéciales à ces cotes. La question de recouvrabilité n'est examinée qu'ensuite et seulement dans le cas où le relevé de déchéance paraît susceptible d'être prononcé. (Circ. du 26 février 1891, n° 778.)

La nature et la date de chaque acte de poursuites doivent être relevées avec soin. (Circ. du 26 février 1891, n° 778.)

Art. 214. — Le directeur fournit sur chacune de ces demandes un rapport spécial qui doit être motivé. Les cotes y sont, le cas échéant, groupées et totalisées par catégorie de propositions. (Circ. du 26 février 1891, n° 778.)

Art. 215. — Les cotes non encore présentées comme irrecouvrables (art. 212) et les cotes déjà rejetées (art. 210) doivent faire l'objet de demandes séparées et d'états distincts. Les demandes ou les états qui ne sont pas produits dans ces conditions sont renvoyés aux comptables pour être régularisés. (Circ. du 26 février 1891, n° 778.)

CHAPITRE XIV

ÉTATS DE SITUATION. — DÉPENSES D'IMPRIMÉS

Art. 216 — A la fin de chaque trimestre, les contrôleurs adressent au directeur des états (mod. n° 43) qui présentent la situation de l'instruction des réclamations de toute nature ainsi que des déclarations reçues dans les mairies pour l'année courante, et celle de l'instruction des réclamations de l'année précédente. (Circ. du 12 mai 1888, n° 716.)

Art. 217. — Dans les quinze jours qui suivent, les directeurs transmettent à l'Administration des états analogues (mod. n° 44). Mais ils rédigent des états distincts pour chacune des années sur lesquelles il reste des affaires à instruire ou à juger. (Circ. du 12 mai 1888, n° 716.)

Art. 218. — Les frais d'impression et de fourniture de tous les modèles annexés à la présente instruction sont imputés sur les fonds de non-valeurs.

Paris, le 30 janvier 1892.

Le Conseiller d'Etat,
Directeur général des Contributions directes
BOUTIN.

APPROUVÉ :
Le Minis're des finances,
ROUVIER.

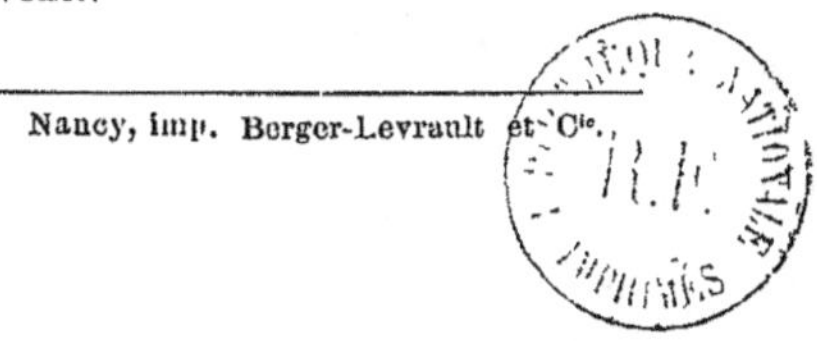